인생이 즐거워지는

중국 배당주 투자

노후 대비를 위한 주식 투자는 달라야 한다.

소중한 목돈을 잃어서도 안 되고,

안정적인 수익을 지속적으로 얻을 수 있어야 한다.

그러려면 가치 투자를 해야 한다.

가치 투자란

싸게 사서 무작정 기다리는 게 아니라,

좋은 산업에 속한 멋진 회사를

적정 가격에 매입하는 것이다.

기업의 진정한 가치를 따져보고내재 가치**,**

절대 손해를 보지 않아야 한다안전 마진**.**

내재 가치와 안전 마진이라는

두 마리 토끼를 한 번에 잡는

최적의 투자가 바로 '중국 배당주 투자'다.

그래서 배당주 투자를 안 해본 사람은

'돈이 많아야 할 수 있는 투자'라고 하고,

배당주 투자를 직접 해본 사람은

'돈 모으기에 가장 좋은 투자'라고 한다.

그런 면에서 우량한 배당주 투자는

안정적인 노후 대비를 가능케 한다!

인생이 즐거워지는 중국 배당주 투자

정순필 지음

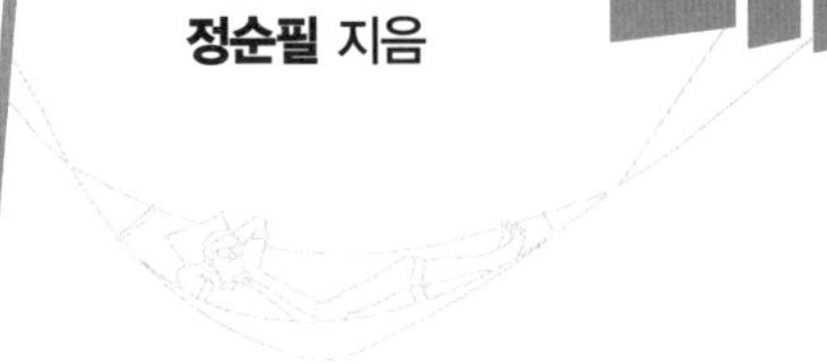

가장 안전하고 확실하게 수익 내는
'천하무적 재테크!'

Sb
smart business

: 추천사 :

수많은 투자 스토리와 실패 경험을 통해 체득한, '중국 투자 성공 노하우!'

몇 해 전 하나금융투자의 지인으로부터 중국 주식 투자에 대한 책을 썼다는 정순필 씨를 소개받고, 그 당시에는 '이 범상치 않은 친구가 아직 시장의 생리를 잘 모르는구나' 생각했었다.

이후 자신이 지금까지 투자한 방식에 부족함이 많았다는 이야기를 듣고, 비로소 '이 친구는 실패하지 않는 길을 갈 수 있을 것'이라는 생각이 들었다. 그래서 이 영민한 친구에게 무엇이라도 도움을 주고 싶어서, 나의 오랜 경험과 정보 그리고 투자자로서 오래도록 살아남는 길을 틈틈이 이야기해줬다.

그리고 얼마 전 새로운 책을 집필했다며 원고를 내미는데, 깜짝 놀랐다. 이 영민한 친구가 이토록 빠르게 올바른 투자 방향을 잡고 실천하는 것은 물론, 내 투자 철학과 방법을 고스란히 습득하고, 또 그것을 책으로 펴낼 줄은 생각도 못했기 때문이다.

오래전 모 증권사 리서치 센터장이 "중국은 믿을 수 없고, 중국에 투자하면 모두 실패한다."라고 말하는 걸 듣고 반박한 적이 있다. 내가 성공적으로 투자한 수많은 케이스 중 몇 개를 뽑아서 조목조목 이야기해줬더니, 그는 아무 말도 하지 못했다.

지금도 여전히 중국이라고 하면 공산당이라는 막연한 거부감으로 반감을 드러내는 이들을 종종 만나게 된다. 중국 주식에 투자하려면, 중국식 공산주의를 제대로 이해하는 것이 중요하다. 무엇보다 증권사 애널리스트들이 중국을 몰라도 너무 모른다는 사실이 안타깝다.

개인의 자유를 중시하는 미국식 자본주의와 공공의 이익을 중시하는 중국식 공산주의를 이해하지 못하면, 중국 주식 투자에 많은 어려움을 겪게 될 수 있다. 중국식 공산주의는 개인의 자본주의를 배척하는 것이 아니라, 자본의 무분별한 방종을 경계하는 것이라고 보면 된다. 개인의 이익은 존중하지만, 그것이 방종에 가까워서 공공의 이익에 해가 된다면 규제하겠다는 것이 '중국식'이다.

얼마 전 알리바바의 경우를 보면, 중국 중앙 정부가 바라보는 중국식 공산주의 색채를 알 수 있다. 알리바바가 혁신하고 성공하는 것은 존중하고 지원한다. 그러나 중앙 정부의 규제는 경제 전체의 안정과 붕괴를 막기 위한 최소한의 규제인데, 거기에 정면으로 도전하는 행위는 묵과하지 않는다.

특히 이 책에서는 배당주 투자에 초점을 맞추고 있는데, 국유 기업들을 보면 중국 중앙 정부의 태도와 중국식 자본주의 실체를 잘 알 수 있다. 모든 투자자의 이익은 그 서비스 사용자의 이익과 공공의 이익에 부합한다. 이런 사례를 통해 중국식 자본주의와 중국식 공산주의 실체를 알게 되고, 중국 국민들과 함께 성장하고 부를 축적하는 길로 가는 동반자가 되길 소망한다.

한 가지 예를 들어보겠다. 중국은 모두가 알다시피 토지를 국가가 소유하고, 사용권이라는 형태로 개인이 정해진 기간만큼 권리를 갖는다. 만기에는 국가에 반납하게 된다. 그런데 이 사용권이 토지에 대한 재산세를 현가화한 개념이라는 것을 아는 사람은 거의 없다.

이 사용권은 만기가 남아 있으면 상속이 가능하다. 그리고 기한 내에 국가에서 회수할 경우에는 반드시 현재의 시가보다 높은 가격에 보상해주게 된다. 그래서 보상이 마음에 들지 않으면 보상을 받지 않고 알박기하는 것이 유행하기도 한 나라가 중국이다. 그래서 간혹 도시를 개발할 때 보상을 받지 않고 버티는 가구로 인해, 지방 정부에서는 기괴한 형태로 해당 집만 남기고 도로를 건설하는 경우도 있다.

이 사용권은 도시일수록 가치가 있고 농촌은 거의 가치가 없지만, 대규모 지역 개발을 하게 되면 갑자기 거부가 탄생하게 된다. 그런데 이 사용권은 절대로 외지인은 살 수 없다. 그 지역에서 오래 살면서 농사짓는 사람들만 마을별로 호구에 따라 부여되어 명단에 올라가는 구조라서, 원천적으로 투기가 어렵다.

그리고 오지일 경우 지방 정부에서 아무 대가 없이 만기에 재연장을 하지만, 도시 지역은 반드시 합당한 사용권을 다시 구매해야 한다. 이 경우 동일한 가격이라면 기존 사용권 보유자에게 우선권이 주어진다.

이것이 불공정한가? 매우 합리적이다.

반면 자본주의 국가에서는 개인이 소유하고 국가는 보유 세금을 받는다. 그런데 이 보유 세금이 대부분의 경우 물가가 상승하는 만큼 매년 오른다. 세율에 따라 다르겠지만, 공산주의 국가의 사용권에 비해 훨씬 비싼 소유권인 것이다. 그리고 본인 소유의 토지라도 여러 사용 용도 제한과 건축 제한 등으로 규제를 받는다. 더 큰 문제는 이런 재산은 상속 시 막대한 세금을 내야 한다.

공산주의의 소유권과 자본주의의 소유권은 국가에서 보장하고 부여하는 방법의 차이가 있을 뿐, 동일한 개념이라는 것을 알아야 진정한 중국을 알 수 있다. 이런 기본 개념도 모르면서 중국에 대해 아는 체하면, 정말 황당하다.

주식 이야기로 돌아와서 주식에서도 우리는 중국식 공산주의에 대한 정확한 이해가 필요하다. 중국의 모든 기업은 중국 공산당이 지배하지만 경영권은 민간에 위임되어 있다고 보면 된다. 물론 초기 설립 자본이 민간 소유라면 민영 기업이지만, 비상시에는 모두 국유화될 수도 있다. 다만 그 경우 토지 사용권과 마찬가지로 합당한 보상을 받게 될 것이다. 이 책 본문의 내용 중, 곤륜에너지의 자산 매각에 대한 보상을 어떻게 해줬는지를 보면 얼마나 합리적인지 알 수 있을 것이다.

나는 중국 주식에 투자하면서 항상 고민한다.

'이 기업이 중국인들과 인류에게 없어서는 안 될 좋은 서비스를 제공하는가?'

'이 기업이 수익성이 있는가?'

‘투자자에게 합리적인 보상을 공정하게 하고 있는가?’

이 질문에 “그렇다.”라고 대답할 수 있다면 당신의 투자는 성공할 것이다. 이제 당신이 할 일은 합리적인 가격에 사는 것, 그것만 잘하면 된다.

내가 중국 도시가스주를 주목한 데에는 위의 질문 외에도 매우 중요한 몇 가지가 있다. 중국은 잘 알다시피 환경 문제가 심각하다. 겨울이 되면 타클라마칸 사막에서부터 불어오는 황사부터, 난방에 필요한 각종 석탄 공장과 도시의 자동차가 내뿜는 매연 등 중국 정부의 최대 안보 위험은 환경 공해다.

우리가 매연 등 공기 오염이 심각해질 때 가장 먼저 주목하는 것이 마스크고, 수질 오염이 심해지면 정수기를 떠올린다. 이와 관련된 투자를 하는 투자자들은 하수다.

우리의 건강과 직결된 환경이 바로 공기와 물이다. 공기 오염을 근본에서 막으려면 석탄을 천연가스로 바꾸면 되고, 수질 오염이 심각해지면 수도 단계에서 오염을 걸러내고 차단하는 것이 가장 경제적이고 비용 측면에서도 효율적이다. 중국 도시가스 산업은 환경 산업인 것이다.

그리고 중국의 가스 기업들은 우리와 다르게 열 공급, 즉 중앙난방 사업도 함께 영위한다. 이 점이 우리나라의 도시가스 회사들과 근본적으로 다르다. 당연히 성장성과 안정성 등에서 큰 차이가 난다. 무엇보다 14억 인구가 쏟아 내는 막대한 도시 쓰레기는 재활용하고, 일부는 소각하면서 얻은 열로 난방에 활용한다.

중국의 여러 도시가스와 수도, 환경 기업들을 자회사로 둔 막강한 기업인 '베이징홀딩스' 같은 기업의 중요성은 아무리 강조해도 지나치지 않다. 그런데 현재 이런 회사들마저도 터무니없이 저렴한 가격에 주식이 거래되고 있다. 독자 분들이 이 책을 통해 좋은 투자 아이디어를 많이 얻었으면 좋겠다.

이 책은 내가 35년 동안 겪은 수많은 실패와 성공 노하우를 잘 대변하고 있다. 무엇보다 나의 투자 철학과 방법 그리고 지혜가 가득하여 마음이 든든하다.

이 책이 투자 실패로 좌절하고 있거나, 정보와 자금을 장악한 거대 금융 집단이나 월가의 펀드매니저들과의 사투에서 헤매고 있는 많은 투자자에게 작은 희망의 불씨가 되었으면 한다. 궁극적으로 그들과의 전투에서 승자가 되는 지혜를 갖게 되길 소망한다.

끝으로 현명한 투자자로, 작가로 거듭난 정순필 씨의 건강한 투자와 안정된 미래 그리고 행복한 삶을 응원한다.

최제신**Rifle Choi**

: 머리말 :

중국 배당주 투자로 '내재 가치'와 '안진 마진'이라는 두 마리 토끼를 잡아라!

우리는 태어나서 부모님의 보살핌을 받으며 유년 시절을 보내고, 성인이 되면 경제적 자립을 위해 직업을 갖는다. 그리고 세월이 흘러 노년기에 접어들면 일할 수 없는 시기를 맞이한다. 100세 삶이 보편화되는 시대가 오고 있다. 인간의 수명은 길어지고, 안정적인 직장은 줄어들고 있다. 충분한 '노후 대비'를 하지 않는다면, 아주 길고 긴 불행한 노후를 보내게 된다.

'연금'은 노후를 위한 최소한의 대비다. 여유로운 노후생활을 위해서는 추가적인 대비가 필요하다. 누군가는 건물주가 되어 월세를 받으며 생활하는 여유로운 삶을 꿈꿀 것이다. 누군가는 모아둔 목돈이나 퇴직금으로 창업할 것이다. 프랜차이즈 치킨집이나 카페를 오픈할 수도 있다. 또 누군가는 태양광발전소를 운영할 수도 있다.

주변에서 수익형 부동산에 투자하는 사람, 카페를 창업한 사람, 셀프 세차장을 운영하는 사람, 태양광발전소를 운영하는 사람을 적지 않게 볼 수 있다. 그런데 주식 투자로 노후 대비를 한 사람을 본 적이 있는가? 필자의 주변을 살펴봐도 주식 투자로 노후를 대비하고 있는 사람들은 손에 꼽을 정도다. 더구나 배당금을 받기 위해 주식에 투자하는 투자자는 과연 몇이나 될까?

대한민국 주식 투자자 1,300만 시대다. 그런데 이들 대부분이 '시세차익'을 얻기 위한 주식 투자를 하고 있다. 당연히 거래가 잦아지고, 주가의 단기 등락에 일희일비한다. 단기 시세 차익을 위한 잦은 매매는 카지노 게임과 같다. 벌고, 잃고를 반복하다가 한두 번의 큰 실패로 회복이 불가능한 상황을 맞이하게 될 수 있다.

하지만 노후 대비를 위한 주식 투자는 달라야 한다. 소중한 목돈을 잃어서도 안 되고, 안정적인 수익을 지속적으로 얻을 수 있어야 한다. 그러려면 가치 투자를 해야 한다.

가치 투자란 싸게 사서 무작정 기다리는 게 아니라, 좋은 산업에 속한 멋진 회사를 적정 가격에 매입하는 것이다. 기업의 진정한 가치를 따져보고**내재 가치**, 절대 손해를 보지 않아야 한다**안전 마진**. 내재 가치와 안전 마진, 이 두 가지 원칙만 지키면 된다.

내재 가치와 안전 마진이라는 두 마리 토끼를 잡는 최적의 투자가 바로 '중국 배당주 투자'다! 그래서 배당주 투자를 안 해본 사람은 '돈이 많아야 할 수 있는 투자'라고 하고, 배당주 투자를 직접 해본 사람은 '돈 모으기에 가장 좋은 투자'라고 한다. 그런 면에서 우량한 배당주 투자는 안정적인 노후 대비를 가능케 한다.

필자의 현재 주 수입원은 지분을 보유하고 있는 기업들이 매년 지급해주는 배당금이다. 기업들은 매년 배당금을 인상하고 있으며, 배당금에서 비용생활비을 지출하고 남은 금액은 배당주에 재투자하고 있다. 일하지 않아도 현금 흐름배당금 – 생활비이 플러스인 생활을 하다 보니 배당주 투자의 매력을 온몸으로 확인하고 있다.

물론 배당주도 주식이고 리스크가 적지 않다. 금융권에서는 주식 투자를 '위험 자산'으로 분류한다. 일주일 만에 투자금이 반토막이 될 수도 있고, 기대했던 배당금이 삭감될 수도 있다. 사업의 안정성과 배당금 지급의 지속성을 우선순위로 놓고 투자할 종목을 선별하고, 매력적인 가격에 투자한다면 이러한 리스크를 줄일 수 있다. 그리고 보유 기간이 늘어날수록 즉, 장기 투자를 하면 그 리스크를 크게 줄일 수 있다.

필자는 라이플 최 이사님으로부터 중국 배당주에 대한 투자 아이디어를 얻게 되었을 때, 사막에서 오아시스를 발견한 것처럼 기뻤다. 중국 배당주에 투자하면 편안한 노후를 보낼 수 있겠다는 확신을 갖게 되었다. 이 책을 통해 필자가 분석하고, 투자한 내용을 상세하게 풀어보려고 한다.

끝으로 투자의 큰 가르침을 주신 라이플 최 이사님께 감사드리며, 독자 분들의 성공 투자에 응원을 보낸다. 무엇보다 이 책이 성공 투자에 조금이나마 도움이 되길 소망한다.

정순필

한 번 시작하면 평생을 함께할

재테크 동반자, ‘중국 배당주 투자!’

: 차례 :

PART 02 "중국 배당주 투자가 생소하다고요?"

PART 03 "중국 도시가스주, 배당주 투자로 정말 매력적입니다!"

PART 04 "당신의 노후를 책임질 중국 도시가스주 톱픽을 소개합니다!"

PART 05 "중국 주식 투자, 아는 만큼 보이고 보이는 만큼 성공합니다!"

PART 06

"성공한 투자자들은 이렇게 투자합니다!"

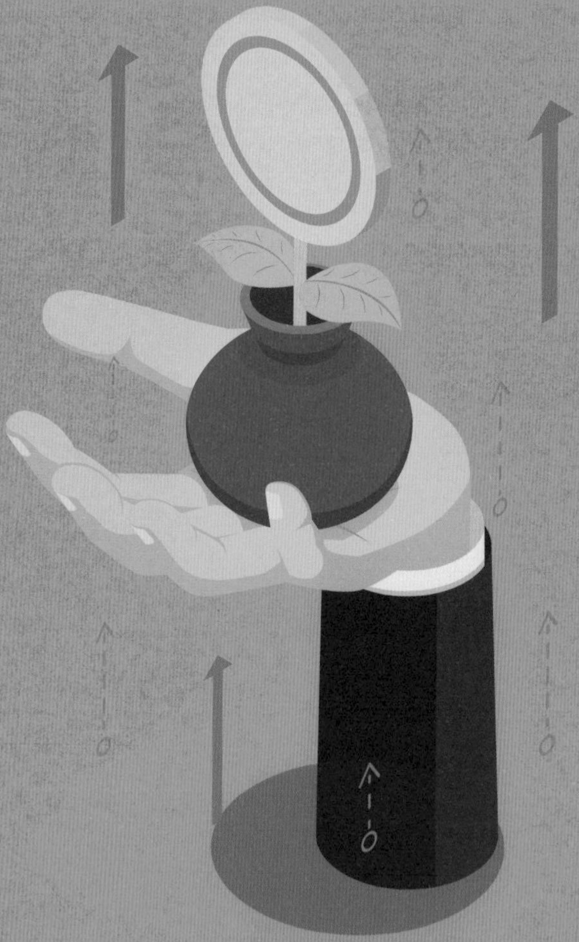

· PART 01 ·

"나는 당신이 돈 걱정 없이 살았으면 좋겠습니다!"

부동산에 투자할까? 배당주에 투자할까?

건물주가 되는 것은 사람들의 로망이자 희망이다. 건물주가 되면 일하지 않아도 월세로 먹고살 수 있다. 물론 우리는 먹고사는 것 외에도 많은 걱정과 고민을 안고 살아가지만, 일하지 않아도 먹고사는 것이 해결된다면 천국이 따로 없을 것이다.

이러한 삶이 조물주 부럽지 않다고 하여 '조물주 위에 건물주'라는 말이 생겨났을 정도며, 요즘 청소년들의 장래 희망 1위가 건물주로 꼽히는 웃지 못할 상황이 벌어지고 있는 것이 현실이다.

월세가 빵빵하게 나오는 건물의 주인이 되었다고 상상해보자. 월세에서 대출 이자를 빼고 순수 현금 흐름이 매월 500만 원씩 들어온다면? 매월 1,000만 원씩 들어온다면?

생각만 해도 즐겁다. 하지만 건물주가 된다고 무조건 좋은 것만은 아니다. 부동산 투자의 가장 큰 리스크는 공실이다. 영혼까지 끌어모아 상가 건물을 매입했는데 오랜 기간 공실로 유지된다면, 지옥이 따로 없을 것이다. 부동산에 투자하면서 100% 본인 현금으로만 투자하는 사람은 거의 없다. 그런데 공실이 생긴다면, 월세는 들어오지 않고 매월 은행에 이자를 내야 하는 최악의 상황이 발생한다.

최근 대표적인 사례로 명동 상권을 들 수 있다. 코로나19 팬데믹으로 중국인 관광객이 한국을 방문할 수 없게 되자, 명동 상권은 직격탄을 맞았다. 폐업한 사람뿐만 아니라 건물주들도 공실이 되면서, 월세는 들어오지 않고 대출 이자만 내야 되는 최악의 사태를 겪고 있다.

그럼에도 불구하고, 사람들에게 "같은 금액으로 부동산에 투자할래? 배당주에 투자할래?"라고 물어보면 부동산에 투자한다는 사람들이 훨씬 많을 것이다. 부동산은 공실이 발생해도 건물의 가격이 하루아침에 반토막이 날 가능성은 희박하지만, 배당주는 주식 투자이므로 반토막이 날 가능성이 부동산에 비해 훨씬 높다고 생각한다. 무엇보다 우리나라 증시에 매력적인 배당주가 많지 않은 것도 사람들이 배당주를 생소하게 느끼는 큰 이유 중에 하나다.

·· 조물주 위에 건물주? 건물주 위에 배당주! ··

부동산에 직접 투자하지 않고 간접적으로 투자해서 건물주가 될 수 있다. 바로 리츠REITs 투자다. REITs는 Real Estate Investment Trusts의

약자며, 다수의 투자자로부터 자금을 모아 부동산에 투자하고, 그 운용수익 및 매각수익을 배당 또는 잔여 재산 분배 형식으로 투자자들에게 지급할 것을 목적으로 운영되는 부동산 투자 회사다.

리츠에 투자하면 해당 리츠에서 투자하고 있는 부동산을 간접적으로 보유하게 되는 것이고, 부동산 투자에서 발생하는 수익을 배당금의 형식으로 받게 된다.

직접 부동산에 투자하는 것보다 리츠가 더 매력적인 가장 큰 이유는 원하는 금액만큼 투자할 수 있고, 소액으로도 투자가 가능하다는 점이다. 100만 원도 투자할 수 있고, 1,000만 원도 투자할 수 있다. 투자한 지분만큼 해당 리츠의 주인이 되는 것이다.

미국의 대표적인 부동산 투자신탁REIT 회사인 '리얼티인컴'을 소개한다. '갑자기 미국에 투자하라고? 나는 해외 투자를 한 번도 안 해봤는데, 절차가 복잡한 거 아니야?'라고 생각할 수도 있다. 하지만 걱정하지 않아도 된다. 미국을 필두로 해외 주식 투자에 관심이 높아지자, 증권사들은 앞다퉈 해외 주식 온라인 거래 시스템을 출시했다. 한국에서도 HTS/MTS로 쉽게 해외 주식에 투자할 수 있다. 네이버나 유튜브 검색창에 '해외 주식 사는 법', '미국 주식 투자 방법' 등으로 검색하면 된다.

각 증권사의 해외 투자 플랫폼은 최근 몇 년간 빠르게 발전해왔다. 직접 환전할 필요도 없고, 1주당 가격이 비싸면 소수점으로도 거래가 가능할 정도로 편리해졌다. 그러니 해외 투자는 번거롭고, 어려울 거라는 선입견은 떨쳐 버려도 좋다.

다시 '리얼티인컴'으로 돌아와서, 동사는 미국의 49개 주와 미국령인 푸에르토리코, 그리고 스페인과 영국에서 부동산 자산을 다양한 고객에게 장기 임대 사업을 진행하고 있다.

동사의 2021년 연간보고서에 따르면 보유하고 있는 상업용 부동산은 11,136개에 이른다. 그리고 발생한 수익의 대부분을 주주들에게 배당으로 지급하고 있다. 동사에 대한 내용을 읽다 보면, '무조건 배당주보다는 건물주다!'라고 생각했던 독자들도 배당주에 대해 다시 생각하게 될 것이다.

리얼티인컴은 1994년 10월 18일에 뉴욕거래소에 상장되었으며, 2022년 9월 기준 전 세계에서 6번째로 큰 리츠 회사로 성장했다. 동사의 가장 큰 매력 중 하나는 배당금을 매월 지급한다는 것이다. 미국 상장 기업들은 보통 분기 배당을 많이 하는데, 동사는 매월 1년에 12번 배당금을 지급한다.

동사의 로고 아래를 보면 '매월 배당을 지급하는 기업'이라고 적혀 있

리얼티인컴 로고

REALTY INCOME

The Monthly Dividend Company®

출처 : 리얼티인컴 홈페이지

는 것을 볼 수 있다. **노후 대비를 위한 투자라면 배당금을 1년에 한 번씩 한꺼번에 받는 것보다 매월 나눠서 받는 것이 투자자에게 훨씬 매력적일 수 있다.**

리얼티인컴의 히스토리를 보면 감탄사가 절로 나온다. 동사는 1969년 설립한 이후 53년 동안 주주들에게 배당금을 지급해왔으며, 상장한 1994년부터 현재까지의 데이터는 홈페이지에서 확인이 가능하다.

다음 그래프를 보면 동사는 상장 이후 114번 배당금을 인상했고, 97분기 연속 증가했다. 설립 이후 53년간 619번의 월 배당을 지급했으며, 총 누적 배당 지급액은 88억 달러에 달한다. 환율 1,400원을 반영한 원화 환산 배당 지급액은 12조 3,200억 원이다. 상장 이후 배당금

리얼티인컴 연간 배당금 증가 추이

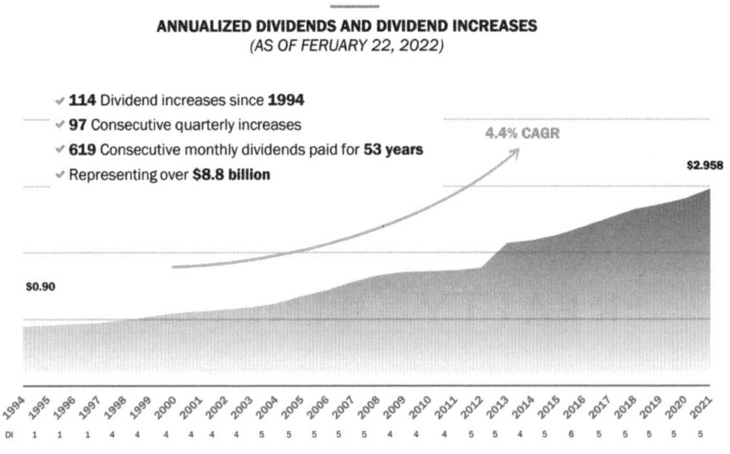

출처 : 리얼티인컴 IR 자료

은 연평균 4.4%로 매년 증가해왔다.

동사의 배당 지급 히스토리를 보니 놀랍지 않은가? 이렇게 매월 배당금을 받는 동안 주가는 어떻게 되었을까?

동사의 1994년 10월 17일 주가는 1.41달러고, 2022년 9월 1일 주가는 68.28달러다. 해당 기간 동안 주가는 48.42배 상승했다. 상장 당시 1,000만 원을 투자했으면 현재 4억 8,420만 원이 되었을 것이고, 1억 원을 투자했었다면 48억 4,200만 원이 되었을 것이다. 심지어 114번이나 증가해온 배당금을 매월 받으면서 말이다.

동사의 배당금 성장성은 보통의 부동산 월세보다 매력적이며, 주가 상승은 부동산의 가치 상승보다 매력적이다. 장기 안정성 측면에서는

리얼티인컴 주가 추이

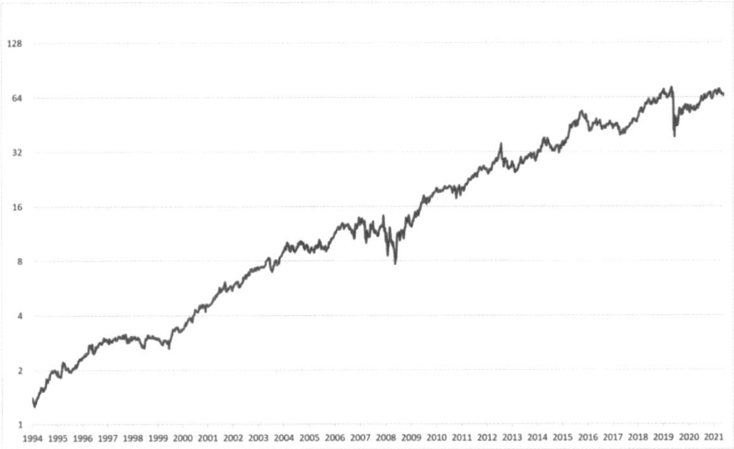

단위 : USD

어떨까?

앞서 언급했듯이 동사는 11,100개가 넘는 상업용 부동산을 다양한 고객들에게 장기 계약으로 임대해주고 있다. 고객사 비중 상위 20개 기업을 보면 월그린, 달러제네럴, 세븐일레븐, 달러트리, 페덱스, CVS 약국, 월마트 등 우리에게 친숙한 기업들이 많다. 편의점, 약국, 헬스장, 대형마트, 잡화점, 영화관 등 다양한 업종의 기업들이 동사와 계약을 맺고 있다.

리얼티인컴의 임차율은 24년 평균 98.2%에 달한다. 임차율이 가장

리얼티인컴 상위 20개 고객사

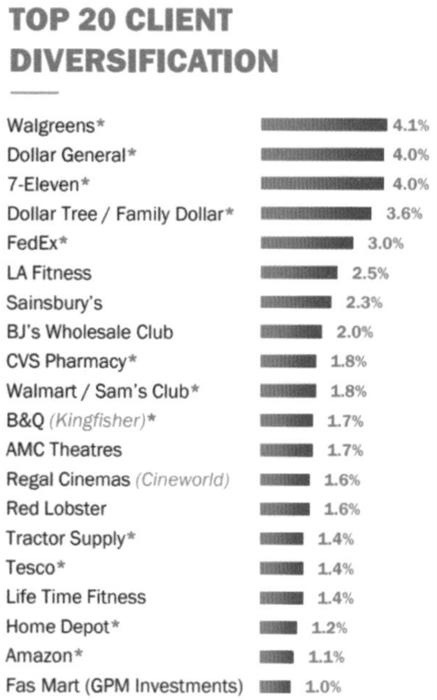

출처 : 리얼티인컴 IR 자료

리얼티인컴의 임차율

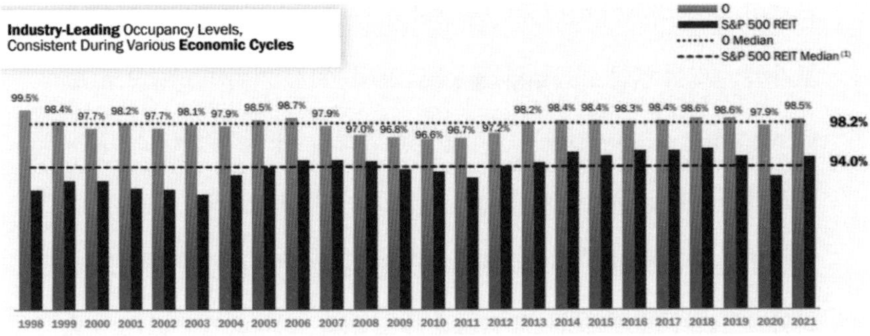

출처 : 리얼티인컴 IR 자료

낮은 해는 2010년이며 96.6%를 기록했다. 이는 S&P 500 REIT 기업들의 평균 임차율 94.0%보다 높은 수준이다. 장기간 평균 공실률이 1.8%에 불과할 정도로 동사의 부동산 임대 사업은 안정적으로 운영되고 있다.

2022년 9월 1일 현재 동사의 주가는 68.28달러에 거래되고 있으며, 2022년 예상 배당금은 주당 2.96달러다. 배당수익률을 계산하면 4.34%가 된다.

낮은 가격에 투자할수록 투자금 대비 얻게 되는 배당금의 수익률은 높아진다. 현재 주가보다 낮은 가격에 매수하면 배당수익률은 4.34%보다 높아질 것이고, 높은 가격에 매수하면 배당수익률은 낮아질 것이다.

그래서 '좋은 투자'는 '좋은 기업'을 발견하는 것으로 끝나는 것이 아니라 '좋은 가격'에 사야 비로소 좋은 투자가 될 수 있다.

필자는 리얼티인컴이 아주 매력적인 투자처라고 생각하기 때문에 본서의 주된 내용이 아님에도 불구하고 자세하게 다뤄 봤다. 동사에 투자하는 것이 현금 흐름배당금 & 월세으로 보나, 자산 가치의 상승으로 보나, 안정성으로 보나 일반적인 부동산 투자보다 더 매력적이라는 점에 공감하는 독자 분들이 많이 생겼을 것으로 예상한다.

몇몇 독자 분에게는 본서의 핵심 내용인 '중국 주식 배당주 투자'보다 리얼티인컴이 더 매력적으로 다가올 수도 있다. 리얼티인컴 같은 안정적인 배당주에 관심을 두고 올바른 투자를 한다면, 편안한 노후를 맞이하게 될 거라 생각한다.

주식 투자로 얻는 두 가지 수익, 시세 차익 & 배당금

필자는 개인적인 사정으로 충분한 경제적 자유를 얻기도 전에 직장을 그만두게 되었다. 노동 소득 없이는 생활이 불가능한 상황이었다면 퇴사를 망설였을 것이다. 하지만 당분간 지출을 최대한 줄이고 투자 자산을 조금만 키우면, 자기자본 투자만으로 충분히 생활이 가능하겠다고 판단되어 '전업 투자'의 길을 조금 일찍 걷게 되었다.

전업 투자를 하기 전에는 배당주에 대한 관심이 전혀 없었다. 매월 월급을 받으니 당장 주식 계좌에서 돈을 빼지 않아도 생활하는 데에 전혀 지장이 없었다. 당연히 배당금을 주면서 성장이 더딘 종목보다는 배당금을 주지 않지만 고속 성장이 기대되는 성장주 위주로 투자했다.

그런데 퇴사를 한 이후 상황이 바뀌었다. **투자의 우선순위가 '성장'에서 '안정'으로 바뀌었고, '현금 흐름'을 확보하는 것이 가장 중요한 기준이 되**

었다.

일반적으로 주식 투자 스타일은 '성장주 투자'와 '가치주 투자'로 나뉜다. 성장주는 미래의 고속 성장 기대감이 현재 주가에 반영되어 밸류에이션이 높게 형성된다. 반면 가치주는 상대적으로 성장 속도는 더디지만 사업이 안정적이고, 무엇보다 성장에 대한 투자자들의 기대감이 낮기 때문에 주가의 밸류에이션이 낮게 형성된다는 장점이 있다.

그리고 가치주는 사업이 성숙기에 접어들면서 이익을 공격적으로 재투자하기보다는 이익의 일부를 배당하여 주주들과 이익을 나눈다. 투자하고 있는 주식을 팔지 않고 현금 흐름을 확보하는 방법은 배당금을 주는 기업에 투자하는 것이다.

현재 필자의 투자 포트폴리오의 구성을 보면 배당주의 비중이 대부분이다. 시장 전반적으로 성장주는 과도하게 고평가되어 있고, 가치주는 과도하게 저평가되어 있다고 판단되어 배당주의 비중이 더 높아진 것도 있다. 향후 성장주의 거품이 충분히 꺼졌다고 판단되면 성장주 비중을 늘릴 계획이다.

배당주에 투자하면서 몇 가지 매력을 경험하게 되었다. **첫째, 배당수익률을 고려하여 투자하게 되니 좋은 가격에 매수하게 될 확률이 높다는 것이다.**

예를 들어 A라는 종목의 장기간 배당수익률 추이를 보니 주가가 비쌀 때는 배당수익률이 2%에 거래되었고, 주가가 쌀 때는 배당수익률이 4%에 거래되었다고 가정해보자. 이 종목의 향후 펀더멘털은 양호한데, 현재 배당수익률 4%에 거래되고 있다면 매수하기 좋은 시점인 것이다. 이 종목이 주가가 올라서 현재 배당수익률이 2%가 된다면 매수를 보류하며 관망할 것이다.

성장주는 이미 부담스러운 밸류에이션에 거래되어도 종목이 좋아 보이면 판단력이 흐려져, 더 높아지길 기대하며 투자하는 경우가 적지 않다. 그래서 투자 결과가 좋지 못한 경우가 많다. 하지만 배당수익률이라는 기준을 놓고, 배당주를 들여다보게 되면 보다 좋은 가격에 진입할 수 있게 된다.

둘째, 보수적인 기준으로 최대한 매력적인 가격에 매수하다 보니 기대 이상의 시세 차익을 경험하게 되었다. 포트폴리오에서 배당주의 비중을 늘리면서 자본의 증가 속도에 대한 기대감은 조금 낮춰야겠다고 생각했다. 하지만 높은 배당수익률은 하락하는 주가에 강한 지지력으로 작용했으며, 금세 주가는 적정 배당수익률 수준까지 반등했다.

반대로 높은 시세 차익을 기대하고 들어간 성장주는 예상보다 실망스러운 경우가 많았다. 성장주의 높은 밸류에이션을 정당화할 수 있는 요소는 이익의 고속 성장이다. 고속 성장을 유지하지 못하면, 투자자들의 기대감밸류에이션도 낮아질 수밖에 없다.

성장주 투자는 기대수익률은 높지만, 투자자의 마음가짐은 조마조마하다. 성장이 둔화하면 기대감도 줄어들 것이기 때문에, 늘 언제 팔아야 할지에 대해 고민한다.

반면 가치주 투자자는 매수 가격이 보수적이라 마음이 편안하다. 그리고 당장의 주가 흐름이 좋지 않아도 배당금을 받으며 느긋하게 기다릴 수 있다. 그래서 가치주 종목은 상대적으로 성장주 투자보다 쌀 때

사서 비싸게 팔기가 수월하다. 아이러니하게도 시세 차익도 성장주보다 가치주에서 더 좋은 결과를 종종 얻게 된다.

셋째, 배당주 투자의 주인공은 '배당금'이다. 전업 투자를 시작하면서 포트폴리오의 대부분을 배당주로 구성하다 보니 연간 받게 되는 배당금이 적지 않다. 직장생활을 하면서 받은 연봉보다 훨씬 더 많은 배당금을 실제로 받아보니, 배당주의 매력에 빠지지 않을 수 없었다. 필자는 주 수입원이 배당금이다 보니 배당금으로 생활비와 대출 이자를 내고 재투자도 하고 있다.

배당주 투자의 '주 수익'은 배당금이고, 시세 차익은 '덤'이라는 마인드를 갖게 되었다. 물론 연간 성과의 기여도를 보면 배당주에 투자하여 얻는 배당금수익보다 시세 차익에서 얻게 되는 수익이 훨씬 큰 경우가 많다. 그럼에도 불구하고 시세 차익을 '덤'이라고 생각하는 이유는 해당 종목에 투자하여 끈기 있게 끌고 갈 수 있는 힘의 원천이 배당금이기 때문이다. 일시적으로 주가가 크게 하락해도, 단기 악재 뉴스가 쏟아져서 투자 심리가 위축되어도 마음 편하게 버틸 수 있게 하는 힘은 배당금이다.

필자는 연간 받게 되는 전체 배당금이 유지되거나 증가하는 방향으로 종목별 비중 조절을 진행한다. 그러면 자연스럽게 배당수익률이 낮아진 종목의 비중은 줄이고, 배당수익률이 높아진 종목의 비중은 늘리게 된다.

이는 곧 고평가된 종목의 비중은 줄이고, 저평가된 종목의 비중은 늘리게 되는 것을 의미한다. 리밸런싱 이후에 전체 배당금은 늘어나기 때문에, 단기적으로 비중을 늘린 종목의 주가가 하락하거나 비중을 줄인 종목의 주가가 상승해도 크게 동요하지 않는다.

오히려 상승한 종목의 비중을 더 줄여서 하락한 종목의 비중을 더 늘릴 것이다. 그러면 전체 배당금은 더 증가하고, 배당금을 받으며 느긋하게 기다리면 주가는 다시 제자리를 찾아갈 것이기 때문이다.

물론 리밸런싱을 하지 않고 안정적인 배당주에 장기 투자하는 것도 좋지만, 고평가주 비중을 줄이고 저평가주 비중을 늘리는 리밸런싱은 배당금과 시세 차익의 증가를 가속화시킨다. 상장되어 있는 모든 주식은 고평가와 저평가를 반복한다.

고평가된 종목을 팔고 하락하길 기다리는 것과 고평가주와 저평가주의 비중을 조절하는 것은 전혀 다른 것이다. 전자는 타이밍을 잘 맞춰야 하지만, 후자는 타이밍과는 무관하다. 보수적인 배당주 투자를 하면 기대 이상의 시세 차익을 덤으로 얻게 될 것이다.

50년 동안
매년 배당금을 인상한 기업들

독자 분들 중에는 50세 미만이 훨씬 많겠지만, 50년 전에 투자한 기업이 50년 동안 한 번도 빠짐없이 본인에게 배당금을 지급했다고 생각해보라. 게다가 한 해도 거르지 않고 매년 배당금을 인상해줬다고 생각해보라.

미국 상장 기업들이 오랜 기간 배당금을 지급한 히스토리를 들여다보면 정말 주식 투자할 맛이 나겠다는 생각이 든다. 미국 주식 시장에서는 기업들이 배당금을 인상한 기간을 추적하여 배당금을 연속 인상한 기간에 따라 '배당 성취자Dividend Achievers', '배당 귀족Dividend Aristocrats', '배당 왕Dividend King'으로 구분한다.

배당 성취자는 과거 10년 이상 매년 배당금을 인상해준 기업을 의미하며, 2022년 기준 총 347개 기업이 여기에 해당한다.

미국의 2022년 배당 왕 종목 리스트

	거래소	종목코드	종목명	업종	배당금 인상 지속 기간
1	뉴욕	AWR	아메리칸 스테이츠 워터	유틸리티	66년
2	뉴욕	DOV	도버	기계	66년
3	뉴욕	BDX	벡턴 디킨스	건강관리	66년
4	뉴욕	GPC	제뉴인 파츠	자동차	65년
5	뉴욕	NWN	노스웨스트 내추럴 홀딩	유틸리티	65년
6	뉴욕	PG	프록터 앤드 갬블	필수소비재	65년
7	뉴욕	PH	파커 하니핀	기계	65년
8	뉴욕	EMR	에머슨 일렉트릭	기계	64년
9	뉴욕	MMM	3M	상사, 자본재	63년
10	나스닥	CINF	신시내티 파이낸셜	보험	61년
11	뉴욕	KO	코카콜라	필수소비재	59년
12	뉴욕	LOW	로스 컴퍼니스	소매(유통)	59년
13	뉴욕	JNJ	존슨 앤드 존슨	건강관리	59년
14	나스닥	LANC	랭커스터 콜로니	필수소비재	59년
15	뉴욕	CL	콜게이트 팜올리브	필수소비재	58년
16	나스닥	NDSN	노드슨	기계	58년
17	나스닥	FMAO	파머스 앤드 머천츠 뱅코프	은행	56년
18	뉴욕	HRL	호멜 푸즈	필수소비재	55년
19	뉴욕	SJW	SJW 그룹	유틸리티	55년
20	뉴욕	ABM	ABM 인더스트리스	상사, 자본재	54년
21	뉴욕	CWT	캘리포니아 워터 서비스 그룹	유틸리티	54년
22	뉴욕	FRT	페더럴 리얼티 인베스트먼트	은행	54년
23	뉴욕	SCL	스테판	화학	54년
24	뉴욕	SWK	스탠리 블랙 앤드 데커	기계	54년
25	나스닥	CBSH	커머스 뱅크셰어스	은행	53년
26	뉴욕	TR	투시 롤 인더스트리스	필수소비재	52년
27	뉴욕	FUL	HB 풀러	화학	52년
28	뉴욕	MO	알트리아 그룹	필수소비재	52년

	거래소	종목코드	종목명	업종	배당금 인상 지속 기간
29	뉴욕	SYY	시스코	필수소비재	51년
30	뉴욕	NFG	내셔널 퓨얼 가스	유틸리티	51년
31	뉴욕	BKH	블랙 힐스	유틸리티	51년
32	뉴욕	UVV	유니버설	필수소비재	50년
33	뉴욕	PPG	PPG 인더스트리스	건설, 건축 관련	50년
34	뉴욕	ABT	애보트 래브러토리스	건강관리	49년
35	뉴욕	ABBV	애브비	건강관리	49년
36	뉴욕	KMB	킴벌리클라크	필수소비재	49년
37	나스닥	PEP	펩시코	필수소비재	49년

배당 귀족은 과거 25년 이상 매년 배당금을 인상해준 기업을 의미하며, 2022년 기준 총 65개 기업이 여기에 해당한다.

배당 왕은 과거 50년 이상 매년 배당금을 인상해준 기업을 의미하며, 2022년 기준 총 37개 기업이 여기에 해당한다.

50년 연속 빠짐없이 배당금을 지급한 것도 대단한데, 매년 배당금을 인상했다니 놀라지 않을 수 없다. 이렇게 대단한 기업들은 과연 어떤 기업들일까?

업종별 비중을 보면 필수소비재가 30%로 가장 많다. 배당 왕 리스트에 포함된 기업들을 보면 글로벌 비즈니스를 영위하는 기업이 많다 보니, 우리에게도 친숙한 기업들이 많이 보인다. 두 종목을 들여다보자.

'프록터 앤드 갬블'이라고 하면 대부분 독자 분들이 생소하게 느낄 것

미국의 2022년 배당 왕 종목 업종 분포

	업종	종목 수	비중
1	필수소비재	11	30%
2	유틸리티	6	16%
3	기계	5	14%
4	건강관리	4	11%
5	은행	3	8%
6	상사, 자본재	2	5%
7	화학	2	5%
8	건설, 건축 관련	1	3%
9	소매(유통)	1	3%
10	자동차	1	3%
11	보험	1	3%
	전체	37	100%

이다. 하지만 'P&G'라고 하면, '아, 그 기업!'이라고 반응하는 분들이 많다. 약칭인 P&G의 풀네임은 '프록터 앤드 갬블'이다.

동사는 다양한 종류의 소비재를 생산하고, 이를 다양한 브랜드로 론칭하여 판매하는 기업이다. 우리나라 모든 국민들이 동사의 제품을 한 가지 이상 사용해봤거나, 현재도 꾸준히 사용하고 있다고 해도 과언이 아니다. 동사의 대표적인 브랜드를 나열해보면 헤드앤숄더, 데오도란트, 질레트, 오랄비, 다우니, 듀라셀, 페브리즈, 펨퍼스 등이 있다. 브랜드를 쭉 들어보면 거의 모든 국민이 한 번은 사용해봤을 거라는 필자의 말에 동의할 것이다.

P&G 주가 추이

단위 : USD

동사는 65년 동안 매년 배당금을 인상한 배당 왕 종목이다. 65년 동안 수차례의 경제 위기를 포함하여 얼마나 많은 어려움을 겪었겠는가? 그럼에도 불구하고 65년 연속 배당금을 인상했다는 것은 정말 대단하다는 말밖에는 달리 표현할 방법이 없다.

60여 년 동안 주가는 얼마나 상승했는지도 궁금할 것이다. 야후파이낸스에서 동사의 주가 추이를 검색해보니 1962년부터의 주가를 확인할 수 있었다. 1962년부터 현재까지의 주가 추이를 차트로 만들어봤다. 2022년 9월 1일 기준 주가는 137.94달러다. 이는 1962년 한 해 평균 주가인 0.22달러보다 627배나 오른 가격이다.

60년이라는 세월이 정말 긴 시간이긴 하지만, 627배의 주가 상승은 어마어마한 수준이다. 더욱이 동사는 배당 왕 종목이다. 이익의 일부를 배당금으로 65년 동안 지급하면서도 주가가 오른 것이다.

이런 우량 기업의 초장기 차트를 보면, 좋은 기업에 투자했다면 단기적으로 조금 비싸게 매수한다고 해도 마음 편하게 기다리면 된다는 생각을 하게 된다.

한 종목 더, 이번에는 배당 왕 종목 중 가장 유명한 기업인 '코카콜라'를 들여다보자. 코카콜라는 설명이 필요 없는 기업이다. 동사는 미국 최대 음료 회사다. 탄산음료, 생수, 주스, 차, 커피, 스포츠 드링크, 에너지 드링크와 같은 다양한 종류의 무알코올 음료를 생산하고 판매한다. 자사에서 청량음료의 농축액을 생산한 뒤, 이를 국내외 제조 회사에 파는 방식의 사업을 진행하고 있다.

현재 전 세계 200개 국가에서 판매되고 있으며, 무려 18억 명의 소비자가 매일 코카콜라의 음료를 마시는 것으로 환산된다. 산하에 대표적인 브랜드로는 코카콜라, 환타, 스프라이트, 미닛메이드, 조지아, 파워에이드, 슈웹스 등이 있다.

코카콜라는 59년 연속 배당금을 인상한 배당 왕 종목이다. 배당 성향Payout Ratio 추이를 보면 동사는 매년 벌어들인 순이익의 대부분을 주주들에게 배당금으로 지급하고 있는 것을 알 수 있다.

주주 입장에서 기업이 얼마나 수익성이 좋은지 알 수 있는 대표적인 지표가 자기자본이익률ROE이다. 동사의 ROE는 40%대를 지속하고 있다. 보통 기업들의 ROE가 어느 정도 수준인지 안다면, 40%대의 ROE를 지속한다는 것이 얼마나 대단한 일인지 새삼 느낄 것이다.

코카콜라 주가 추이

단위 : USD

코카콜라의 주가 추이를 보자. P&G와 마찬가지로, 1962년 주가와 최근 주가를 비교해보자. 코카콜라의 1962년 한 해 평균 주가는 0.044달러다. 그리고 2022년 9월 1일 기준 주가는 61.71달러다. 이는 1962년 주가 대비 1,402배 상승한 것이다.

배당 왕 종목들의 배당금 추이와 주가 상승 추이를 보면, 배당금을 주고 않고 상대적으로 리스크도 높은 성장주에 굳이 투자해야 되나 싶은 생각이 들 정도다.

그리고 찰리 채플린의 명언이 하나 떠오른다.

"인생은 멀리서 보면 희극이지만, 가까이서 보면 비극이다."

배당 왕 종목들의 50년 이상 장기 추이를 보면 배당금과 주가 상승에 따른 시세 차익이 엄청나다. 하지만 단기간의 주가 흐름을 보면 수많은 등락이 있었으며, 경기 침체 구간에는 주가가 큰 폭으로 하락한 것을 알 수 있다.

'주 수익은 배당금이고, 시세 차익은 덤!'이라는 마인드의 투자가 중요하다는 생각을 또 한 번 하게 된다.

앞서 언급했듯이 증권사 거래 플랫폼은 수년간 엄청나게 발전했으며, 현재 한국의 개인 투자자들이 미국 주식, 중국 주식 등을 사고파는데 전혀 불편함이 없다. 국내 주식만 고집할 필요가 전혀 없다. 국가를 가리지 않고, 좋은 기업에 투자하는 '글로벌 인베스터'가 되어야 한다.

향후 50년 동안 사업을 잘하면서, 배당금을 지속해서 올려줄 기업은 어디일까?

전기, 수도, 가스 없이 살 수 있을까?

성공적인 사업을 하려면 고객이 사고 싶어 하는 제품을 팔아야 한다. 그리고 사업을 지속하기 위해서는 고객이 늘어나야 하고, 기존 고객이 제품에 만족하며 재구매가 계속되야 한다. 경쟁사가 등장하여 가격 경쟁까지 하게 되면 사업을 확장하고, 지속하며, 수익성까지 챙기는 것이 결코 쉬운 일이 아닐 것이다.

그런데 전기, 수도, 가스는 어떤가? 모든 사람이 매일 사용한다. 비용을 지출하며 써달라고 홍보할 필요도 없다. 경기가 나빠지면 사용하지 않을까 봐 걱정할 필요도 없다.

전기, 수도, 가스 등은 사회 공익적인 성격의 사업을 영위하는 정부 규제 산업이며, 이를 유틸리티 업종이라고 한다. 유틸리티 업종은 사회 안정을 위해 가격 및 각종 허가 등을 정부에서 규제한다. 해당 사업을 영위하는 기업들이 가격을 마음대로 올릴 수 없다는 단점이 있지만, 안정적으로 과점할 수 있다는 장점이 이를 커버할 정도로 매력적이다.

우리나라 투자자들에게 유틸리티 업종의 투자 매력은 크게 와닿지 않을 수 있다. 우리나라의 대표적인 유틸리티 기업인 한국전력의 주가를 보면, 2022년 9월 1일 기준 20,400원이다. 이는 1989년 8월 상장 당시 주가인 23,223원보다 못하다. 30년이 넘는 기간 동안 주가가 더 떨어졌다니 충격적이다.

그렇다고 미국의 배당 왕 기업처럼 배당금을 안정적으로 주는 것도 아니다. 아무리 독점 기업이라서 정부의 규제가 강하고, 국영 기업이

한국전력 주가 차트

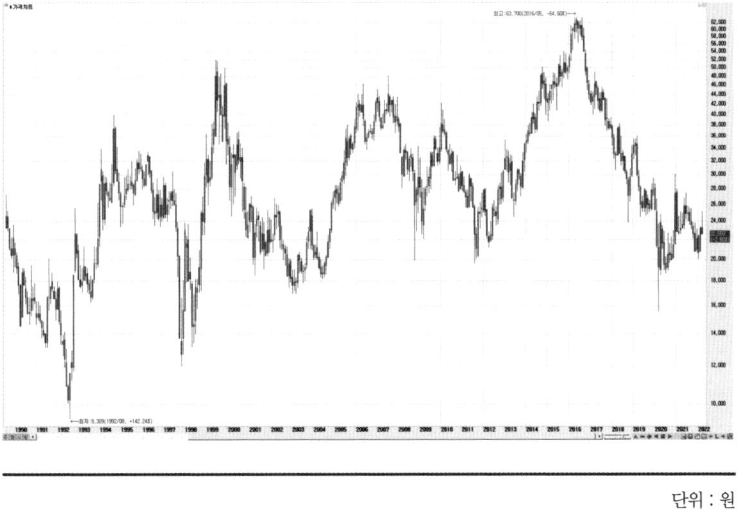

단위 : 원

라고 해도 투자자 입장에서 30여 년간의 주가를 보니 안타까운 마음뿐이다.

민영 기업인 국내 도시가스 기업들은 한국전력에 비하면 여러 가지 면에서 낫지만, 미국 도시가스 기업들에 비하면 투자 매력이 많이 떨어진다. 안정성이 아무리 높아도 성장성과 수익성이 너무 낮으면 투자 매력이 떨어진다.

앞에서 말한 미국의 P&G와 코카콜라의 엄청난 성장에 비해, '우리나라 유틸리티 업종은 상대적으로 투자 매력이 너무 떨어지는 게 아닌가' 하는 생각이 들 수도 있다. 그래서 국내 시장의 아킬레스건을 해외

미국의 2022년 배당 왕 종목 업종 분포

	업종	종목 수	비중
1	필수소비재	11	30%
2	유틸리티	6	16%
3	기계	5	14%
4	건강관리	4	11%
5	은행	3	8%
6	상사, 자본재	2	5%
7	화학	2	5%
8	건설, 건축 관련	1	3%
9	소매(유통)	1	3%
10	자동차	1	3%
11	보험	1	3%
	전체	37	100%

미국의 2022년 배당 왕 종목(유틸리티 업종)

	거래소	종목코드	종목명	업종	배당금 인상 지속 기간
1	뉴욕	AWR	아메리칸 스테이츠 워터	유틸리티	66년
2	뉴욕	NWN	노스웨스트 내추럴 홀딩	유틸리티	65년
3	뉴욕	SJW	SJW 그룹	유틸리티	55년
4	뉴욕	CWT	캘리포니아 워터 서비스 그룹	유틸리티	54년
5	뉴욕	NFG	내셔널 퓨얼 가스	유틸리티	51년
6	뉴욕	BKH	블랙 힐스	유틸리티	51년

투자로 극복해야 한다.

배당 왕 종목들의 업종 분포를 유심히 본 독자 분들은 알겠지만, 배당 왕 종목 중 필수소비재 다음으로 비중이 높은 업종이 바로 유틸리티 업종이다.

37개 종목 중 6개 기업이 유틸리티 업종이다. 유틸리티 업종에 속하는 '아메리칸 스테이츠 워터'는 66년 연속 배당금을 인상한 세 종목 중 하나로, 미국 상장 기업 중 가장 오랜 기간 배당금 인상을 지속한 기업이다.

아메리칸 스테이츠 워터, SJW 그룹, 캘리포니아 워터 서비스 그룹은 수도 사업을 영위하는 기업이다. 그리고 노스웨스트 내추럴 홀딩, 내셔널 퓨얼 가스는 가스 사업을 영위하는 기업이다. 그리고 블랙 힐스는 전기와 가스 사업을 영위하는 기업이다.

이 기업들은 해당 지역을 독점하여 안정적인 사업을 영위하는 기업들이다. 다른 어떤 업종보다 안정성이 높은 업종이다. 그런 기업들이 배당 왕 리스트에 포함된다니 P&G와 코카콜라 못지않게 흥미롭지 않은가?

두 종목을 들여다보자. 먼저 미국에서 가장 오랜 기간 배당금을 인상해온 기업인 아메리칸 스테이츠 워터를 보자. 동사는 캘리포니아에서 261,000곳의 고객에게 상수도 서비스를 제공하는 기업이다. 눈이 올 때도, 비가 올 때도, 경기가 좋을 때도, 경기가 나쁠 때도 캘리포니아 주민들은 수도를 사용하고 동사는 돈을 번다. 그리고 66년 동안 매년 배당을 인상하여 지급해왔다.

동사의 주가도 들여다보자. 야후파이낸스에서 동사는 1973년부

아메리칸 스테이츠 워터 주가 추이

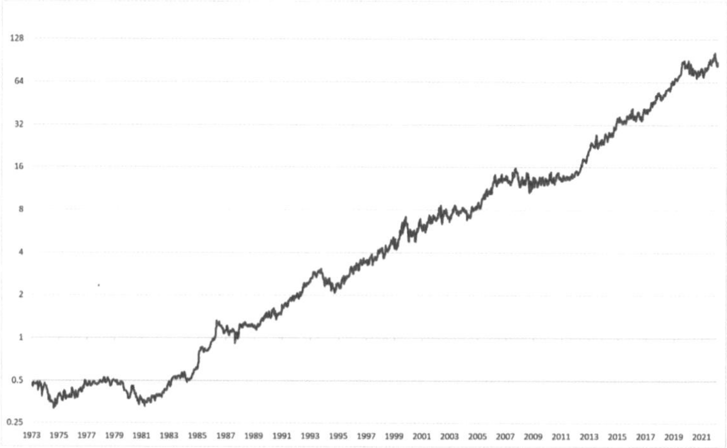

단위 : USD

터 주가를 제공한다. 동사의 1973년 한 해 평균 주가는 0.46달러고, 2022년 9월 1일 주가는 82.97달러다. 주가는 1973년 대비 178.9배 올랐다. 차트를 보면 오랜 기간 큰 변동성 없이 꾸준히 우상향한 것을 알 수 있다.

동사의 사업 안정성에 대해 생각해보자. P&G 제품? 사람들의 소비가 줄어들 수 있다. 경쟁사의 시장점유율이 증가할 수도 있다. 코카콜라? 물론 브랜드 파워가 있고 앞으로도 오랜 기간 소비자들에게 사랑받을 것이다. 하지만 사람들의 소비가 줄어들 수 있다. 펩시 같은 경쟁사의 시장점유율이 증가할 수도 있다.

그에 비해 아메리칸 스테이츠 워터의 사업은 어떤가? 경쟁사가 없다. 지역 독점이다. 지역 주민들이 갑자기 물을 사용하지 않을 일도 없다. 안정성 측면에서 '끝판 왕'이라고 해도 과언이 아닐 것이다. 이런 기업이 우리나라의 한국전력처럼 이익과 배당이 들쑥날쑥하면서 지속적인 성장을 하지 못하면, 사업이 아무리 안정적이라고 해도 투자 매력이 떨어질 것이다.

그런데 동사는 미국 상장 기업 중에서 가장 오랜 기간 배당금을 연속 인상한 기업이다. 노후 대비를 위한 안정적인 배당주 투자로 이 종목만한 게 있을까?

다음으로 들여다볼 종목은 유틸리티 기업 중 두 번째로 오랜 기간 배당금을 인상해온 노스웨스트 내추럴 홀딩이다. 동사는 오리건과 워싱턴의 140개 지역에서 250만 명의 주택, 상업, 산업 고객들에게 천연가스를 공급한다. 65년 연속 배당금을 인상한 배당 왕 종목이다.

도시가스는 수도와 마찬가지로 모든 사람이 일상생활에서 매일 사용하는 에너지 자원이다. 게다가 배당금도 65년째 인상해왔으니 안정성과 수익성 모두 매력적인 기업이라고 할 수 있다.

동사의 주가도 들여다보자. 동사의 1973년 한 해 평균 주가는 1.48달러고, 2022년 9월 1일 주가는 47.61달러다. 주가는 1973년 대비 32.3배 올랐다. 아메리칸 스테이츠 워터와 마찬가지로 큰 변동성 없이 꾸준히 우상향한 것을 볼 수 있다.

"아메리칸 스테이츠 워터의 주주가 되면, 캘리포니아 주민들이 수도를 사용하고 나는 돈을 벌게 된다."

"노스웨스트 내추럴 홀딩의 주주가 되면, 오리건과 워싱턴 주민들이

노스웨스트 내추럴 홀딩 주가 추이

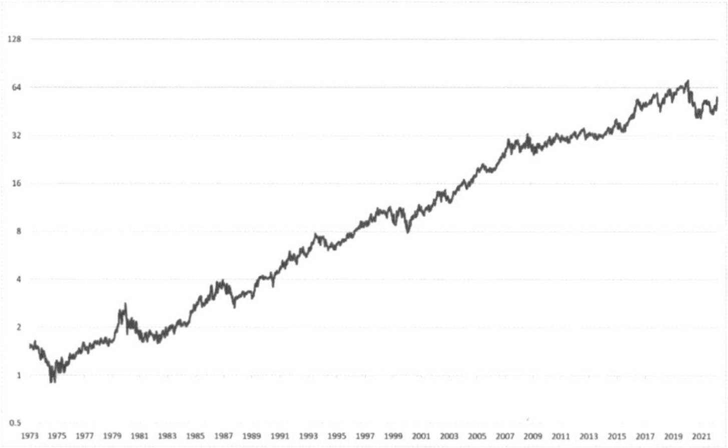

단위 : USD

가스를 사용하고 나는 돈을 벌게 된다."

리얼티인컴, 프록터 앤드 갬블, 코카콜라, 아메리칸 스테이츠 워터, 노스웨스트 내추럴 홀딩에 대해 투자의 관점에서 들여다보니 노후 대비를 배당주 투자로 하는 것이 정말 매력적일 것 같다는 생각이 들지 않는가?

미국보다 중국 도시가스 기업이 매력적인 이유?

이 책의 주요 내용은 중국 주식 투자인데, 중국 주식에 대한 이야기를 하기에 앞서 미국 주식에 대한 이야기를 한 이유는 크게 세 가지다.

첫째, 독자 분들과 미국 주식 투자에 대한 매력을 공유하기 위함이다. 미국 주식 시장은 전 세계에서 가장 성숙한 주식 시장이고, 세계 최고의 기업들이 상장되어 있는 곳이다. 미국과 중국 주식 시장 모두에 관심을 두길 바라는 마음에 소개했다.

둘째, 주식 시장의 역사가 길어서 오랜 기간 쌓인 데이터를 살펴보는 것이 유익하기 때문이다. 중국 주식 시장은 역사가 길지 않기 때문에 상장 기업의 50~60년 역사를 볼 수 없다. 미국 배당 왕 기업들을 들여다보는 것만으로도 유익하고, 배당주 투자에 대해 깊이 생각해보게 되는 계기가 될 것이라 생각한다.

셋째, 미국 주식보다 중국 주식 투자 매력도가 높다는 것을 비교 분석하기 위함이다. 앞서 언급했듯이 우리나라 도시가스 기업들의 장기간 주가 추이와 배당금 추이를 보면 투자에 큰 매력을 느낄 수 없다. 그에 반해 미국의 유틸리티 기업들은 주가와 배당금이 장기간 지속해서 증가해온 것을 볼 수 있다.

배당 왕 기업인 아메리칸 스테이츠 워터와 노스웨스트 내추럴 홀딩의 주가와 배당금 추이를 보면, 노후 대비를 위한 장기 투자로 매력적인 투자처라는 생각이 든다.

하지만 필자는 미국 도시가스 기업들보다 중국 도시가스 기업들이 훨씬 더 매력적인 투자처라고 생각한다. 중국 도시가스주가 더 매력적인 이유는 세 가지다.

① 미국 도시가스주보다 중국 도시가스주의 성장성이 더 높다. 도시가스 보급률은 도시화율에 비례하여 증가한다. 미국과 한국은 도시화가 거의 마무리되었다. 그리고 도시가스 보급은 이미 충분히 이뤄졌다. 그에 반해 중국의 도시화율은 2021년 기준 65%에 도달했으며, 도시가스 보급률 또한 빠르게 증가하고 있다.

미국 도시가스 기업들의 사업 안정성은 높지만, 매출과 이익의 성장성은 완만하다. 그런데 중국 도시가스 기업들은 마치 가치주가 아닌 성장주의 모습을 보이고 있다. 엄청난 투자와 빠른 사업 확장이 진행되고 있다. 매출과 이익도 가파르게 증가하고 있는 것을 확인할 수 있다.

다음 그래프는 'PART 4'에서 소개할 기업 중 하나인 화윤가스의 2021년 연간보고서에서 가져온 자료다. 2008년부터 2021년까지 14

화윤가스 가스 판매량, 매출, 이익 증가 추이

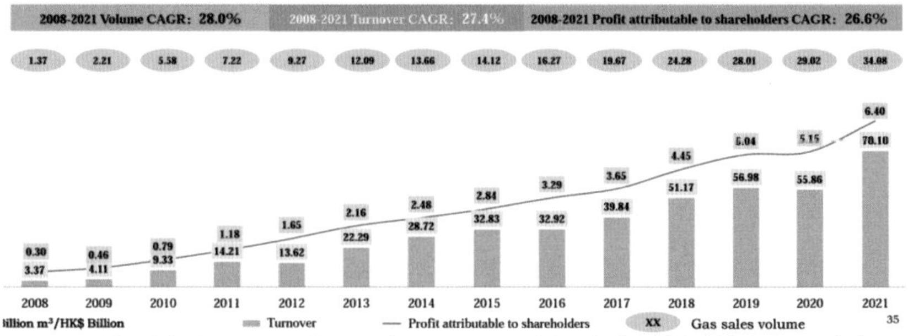

출처 : 화윤가스 IR 자료

년간 가스 판매량의 연평균 성장률은 28%, 매출의 연평균 성장률은 27.4% 그리고 주주 귀속이익은 26.6%로 장기간 고속 성장해온 것을 볼 수 있다.

중국 도시가스 기업들의 엄청난 성장은 'PART 4'에서 자세히 알아보도록 하자.

② 미국 도시가스주보다 중국 도시가스주의 배당 성향이 더 낮다. 미국 도시가스주들은 투자가 거의 끝난 상태다. 그래서 수익의 대부분을 주주들에게 배당으로 지급하고 있다.

참고로 순이익에서 배당금이 차지하는 비율을 '배당 성향'이라고 한다. 다음 표는 미국 도시가스주와 중국 도시가스주의 배당 성향을 비교한 것이다. 집필 당시 2021년 실적을 발표하지 않은 기업들이 있어서 2020년 배당 성향을 비교해봤다**참고로 곤륜에너지는 2020년에 일시적 특별 배당으로 배당 성향이 높게 나와서 2019년 배당 성향을 넣었다.**

미국과 중국의 도시가스 기업 배당 성향 비교

미국 도시가스 기업	배당 성향
노스웨스트 내추럴 홀딩	76.1%
사우스 저지 인더스트리	72.8%
뉴저지 리소시스	72.7%
사우스웨스트 가스 홀딩스	54.4%
원 가스	58.4%
평균	67%

중국 도시가스 기업	배당 성향
신아오가스	38.5%
화윤가스	40.3%
차이나가스	27.4%
곤륜에너지	37.3%
베이징홀딩스	27.2%
평균	34%

미국 기업들의 평균 배당 성향은 67%고, 중국 기업들의 평균 배당 성향은 34%다. 미국 도시가스주가 중국 도시가스주보다 평균 배당 성향이 약 2배 높은 것을 알 수 있다.

미국 도시가스주들은 이익의 많은 부분을 배당하고 있다. 중국 도시가스주들은 한창 사업을 확장하고 있는 시기라 주주들에게 배당금을 지급하는 비율보다 사업에 재투자하는 비율이 더 높다. 높은 비율의 사내유보금이 설비 투자CAPEX로 이어지면 사업의 성장을 기대할 수 있다.

또한 현재 배당 성향이 낮다는 것은 향후 배당 성향이 높아질 여력이 있다고도 볼 수 있다. 도시가스 보급률이 올라갈수록 확장을 위한 투자는 점점 줄어들고, 배당 성향은 점점 높아질 것이다.

③ 미국 도시가스주보다 중국 도시가스주의 밸류에이션이 더 낮다. 중국 도시가스주가 미국 도시가스주보다 훨씬 낮은 밸류에이션에 거래되고 있다. 그래서 중국 도시가스주 배당 성향이 미국 도시가스보다 훨씬

낮음에도 불구하고, 배당수익률은 오히려 더 높다. 미국 도시가스주와 중국 도시가스주의 PER과 배당수익률을 비교한 표를 보자**2022년 9월 1일 기준 주가를 반영한 2022년 예상 PER과 배당수익률이다.**

미국 도시가스주의 평균 PER은 19.2배, 중국 도시가스주 평균 PER은 9.0배다. 중국 도시가스주의 밸류에이션이 미국 도시가스 밸류에이션의 절반에도 미치지 못하는 수준이다.

심지어 베이징홀딩스의 2022년 예상 PER은 3.6배에 불과하다. 뒤에서 자세히 알아보겠지만 동사는 매우 우량한 기업이다. 과도한 저평가는 흔치 않은 매수 기회일 수 있다.

그리고 앞서 말했듯이 중국 도시가스주 배당 성향이 미국 도시가스주 배당 성향의 절반 수준인데, 밸류에이션이 절반도 되지 않아서 오히려 배당수익률은 더 높은 것을 볼 수 있다. 미국 도시가스주 평균 배당수익률은 3.5%고, 중국 도시가스주 평균 배당수익률은 4.3%다.

미국과 중국의 도시가스 기업 PER 및 배당수익률 비교

기업명	PER	배당수익률	기업명	PER	배당수익률
노스웨스트 내추럴 홀딩	19.0배	4.1%	신아오가스	14.8배	2.4%
사우스 저지 인더스트리	19.3배	3.7%	화윤가스	10.9배	4.1%
뉴저지 리소시스	18.2배	3.3%	차이나가스	7.2배	5.3%
사우스웨스트 가스 홀딩스	19.9배	3.1%	곤륜에너지	8.7배	4.0%
원 가스	19.4배	3.1%	베이징홀딩스	3.6배	5.9%
평균	19.2배	3.5%	평균	9.0배	4.3%

정리해보면 중국 도시가스주는 사업 영역을 빠르게 확장하고 있는 성장기에 있다. 매출과 이익도 빠르게 증가하고 있다. 그래서 배당 성향은 34% 수준으로 미국 도시가스주 평균 배당 성향인 67%의 절반에 불과하다.

하지만 밸류에이션은 절반에도 미치지 못하는 수준이라 오히려 배당수익률은 중국 도시가스주가 더 높다. 다시 말해 중국 도시가스주에 투자하면 미국 도시가스주에 투자하는 것보다 더 가파른 주가 상승**시세차익**과 더 높은 배당수익률을 기대할 수 있다는 것이다. 게다가 중국 도시가스 보급률이 올라가면서 투자가 줄어들면, 배당 성향이 높아질 것이고 배당금은 더 빠르게 증가할 전망이다.

이것이 거시적인 관점에서 필자가 미국 도시가스주보다 중국 도시가스주 투자를 더 매력적으로 보는 이유다.

안정적인 배당성장주 투자로 편안한 노후를 준비하자

'워런 버핏은 52세 이후에 99.7%의 돈을 벌었다'라는 제목의 기사를 본 적이 있다. 〈워런 버핏의 순자산 증가 추이〉 차트를 보면 워런 버핏의 자산이 14세부터 87세까지 얼마나 드라마틱하게 증가했는지 알 수 있다. 52세까지 번 돈이 전체 자산의 불과 0.3%밖에 되지 않는다는 것이 놀랍다. 그는 어떤 마법을 부려 50대부터 자산이 이렇게 빠르게 늘어난 것일까? 뻔한 이야기 같지만, 정답은 '복리'와 '시간'이다.

워런 버핏의 자산은 73년 동안 연평균 30%로 증가한 것을 알 수 있다. 한 해 동안 자산이 30% 불어나고, 다음 해에는 불어난 자산의 30%가 또 불어나고, 그다음 해에는 또 불어난 자산의 30%가 불어나기를 반복했다. 이렇게 73년 동안 자산이 복리로 불어난 것이다.

로그 스케일로 나타낸 차트의 기울기는 자산이 늘어나는 속도를 의

워런 버핏의 순자산 증가 추이

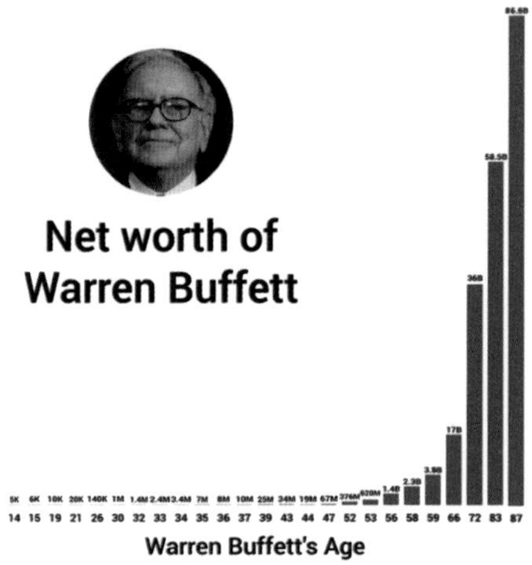

출처 : dadaviz.com

미한다. 눈에 띄는 것은 52세 이후보다 14세부터 52세까지 기울기가 더 가파르다는 것이다. 즉 자산이 불어나는 속도가 52세 이전이 더 빨랐다는 것이다. 심지어 70~80대에는 자산이 증가하는 속도가 과거 대비 확연히 둔화되었음을 알 수 있다. 52세 이후 자산의 규모가 커지면서 복리로 증가하는 단위 자체가 커진 것이지, 자산 증가 속도가 더 빨라진 것은 아니라는 말이다.

워런 버핏의 자산이 늘어나는 차트를 통해 '복리'와 '시간'이 결합되면 얼마나 강력한 힘을 발휘하는지 들여다봤다.

배당주 투자를 할 때 '복리'와 '시간'의 결합을 극대화하기 위해서는 지금 당장 배당 성향이 높은 '고배당주'에 투자하기보다, 배당 성향은

워런 버핏의 순자산 증가 추이(로그 스케일)

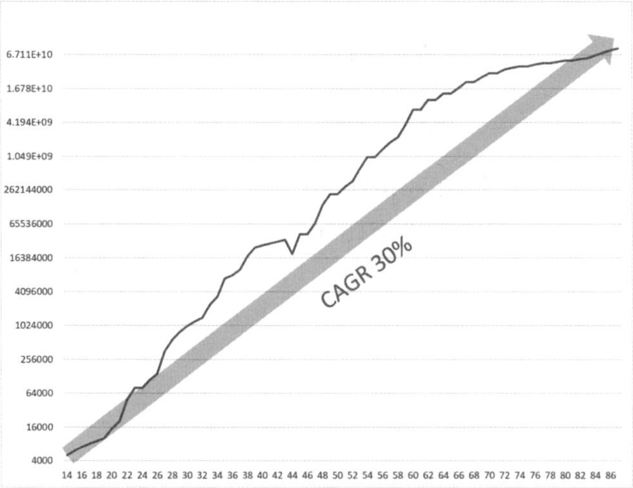

※ CAGR : 연평균 성장률(Compound Annual Growth Rate)은 수년 동안의 성장률을 매년 일정한 성장률을 지속한다고 가정하여(기하 평균) 평균 성장률을 환산한 것이다.

단위 : USD

좀 낮지만 빠르게 성장하며 배당금도 빠르게 증가하는 '배당성장주'에 투자하는 것이 올바른 선택이다.

기업의 수명 주기와 배당 성향의 상관관계를 생각해보자. 기업의 수명 주기는 도입기, 성장기, 성숙기, 쇠퇴기 4단계로 나뉜다.

도입기에는 사업 기반을 다지기 위한 투자가 이뤄지면서 영업활동에 따른 수익 창출이 제대로 이뤄지지 않는 시기로, 배당이나 재투자는커녕 사업 확장을 위해 지속적인 자금 조달이 필요한 시기다. 비록 현재는 적자 기업이지만 고성장을 기대하며 투자하는 '하이리스크 하이리턴'의 기업이 여기에 해당한다.

성장기는 사업 기반이 다져지고, 사업이 빠르게 성장하는 시기다. 영업활동을 통해 수익도 빠르게 증가하는 시기다. 성장을 지속하기 위해 회사의 이익을 전부 재투자하며, 주주들에게 배당금을 지급하지는 않는다. 배당금을 받지 않아도 재투자에 따른 기업의 빠른 성장은 주가의 빠른 상승으로 이어질 것이라고 기대하며, 공격적인 투자자들은 이러한 성장주 투자를 선호할 것이다.

성숙기는 사업의 성장이 둔화되면서 재투자는 점점 줄어들고, 이익 분배**배당금**의 비중이 늘어나는 시기다. 성장기에 있는 기업들만큼의 성장은 기대할 수 없지만, 사업의 안정성이 높고 매년 배당금까지 나눠주니 안정성을 추구하는 투자자들은 이러한 가치주 투자를 선호할 것이다.

쇠퇴기는 성장을 거의 기대할 수 없는 시기다. 그래서 기업의 이익을 재투자를 위해 사내로 유보하지 않고, 대부분 주주들에게 배당금으로 지급하는 시기다. 리스크를 극도로 싫어하고, 높은 배당 성향을 선호하는 '채권형 투자자'들이 선호할 것이다.

고배당주에 대한 구체적인 기준이 있는지 모르겠지만, 필자는 배당 성향이 60%를 넘으면 고배당주라고 생각한다. 배당 성향이 너무 높으면 성장을 기대할 수 없기 때문에 장기적으로 복리의 마법을 경험하기가 어렵다. 그래서 투자자의 연령대가 높거나, 이미 충분한 자산이 있어서 높은 안정성을 추구하는 것이 아니라면 별로 권하고 싶지 않다.

배당 성향이 20~40%에 이르고, 빠르게 성장하는 배당성장주에 투자해야 '성장시세 차익'과 '분배배당금' 두 마리 토끼를 잡을 수 있다. 기업의 수명 주기

기업 수명 주기와 배당 성향

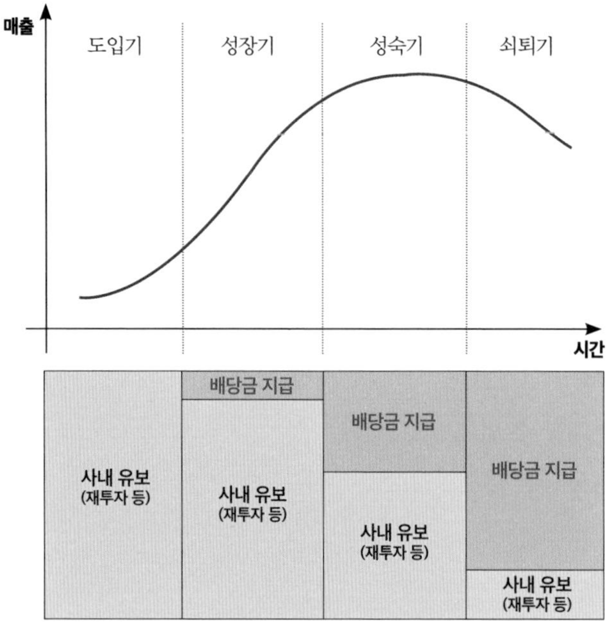

차트에서 이러한 배당성장주의 위치는 성장기에서 성숙기로 넘어가는 중간 지점 정도로 보면 될 것 같다.

물론 배당보다는 재투자의 비중이 훨씬 높은 '성장주'에 투자하면 더 많은 복리 효과를 기대할 수 있겠지만, 장기 투자는 낭만적이지 않다. 장기 투자의 이상과 현실을 표현한 재미있는 그림이 있다. 누구나 고상하게 장기 투자하고 싶을 것이다. 하지만 현실은 간담을 서늘하게 하는 하락장을 수도 없이 겪어야 한다는 것이다.

그럴 때마다 투자자들의 흔들리는 마음을 잡아주는 것이 바로 배당

장기 투자의 이상과 현실

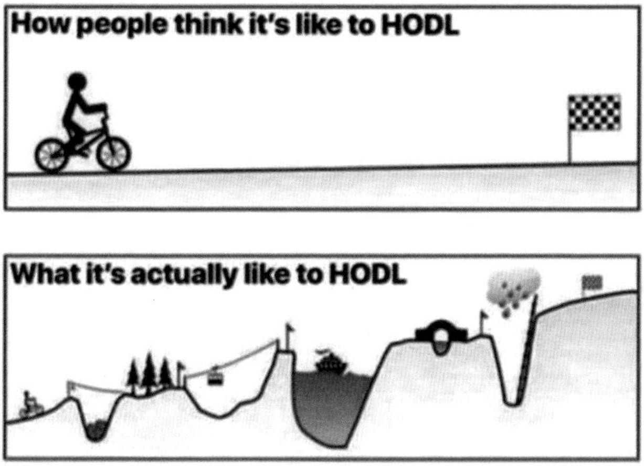

출처 : starecat.com

금이다. 경기 침체 기간에도 오히려 배당금을 인상해주는 것을 경험하면 투자하는 기업에 대한 신뢰와 애정은 훨씬 더 높아지게 될 것이다.

우량한 배당성장주의 주주가 되어 매년 배당금을 받으며, 복리의 마법이 우리의 자산을 눈덩이처럼 불어나게 하도록 '시간에 투자'하자.

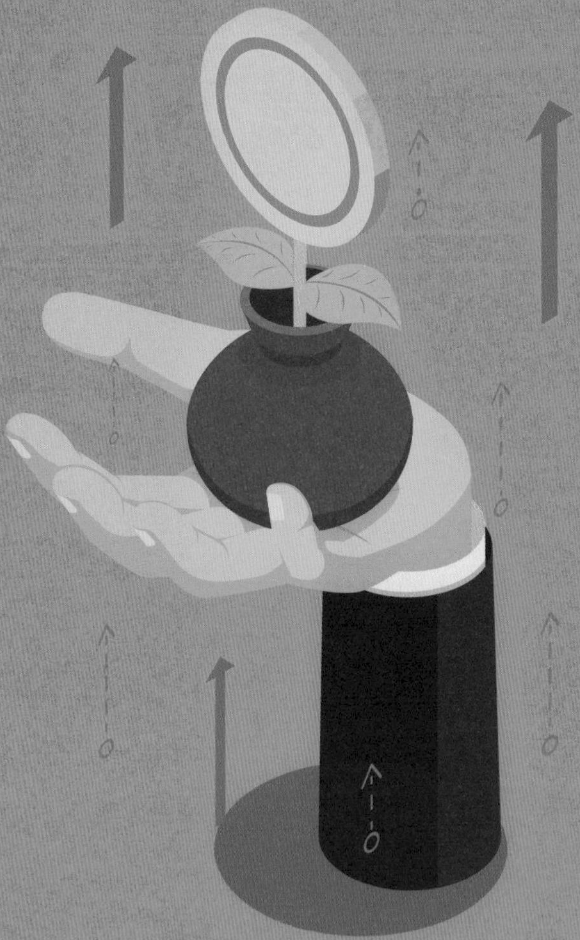

· PART 02 ·

“중국 배당주 투자가 생소하다고요?”

중국 배당주 투자가 생소한 이유?

우리나라 주식 투자자들이 가장 많이 보유하고 있는 해외 주식은 무엇일까? 한국예탁결제원에 따르면 우리나라 투자자들이 가장 많이 투자하고 있는 해외 주식은 테슬라인 것으로 확인되었다.

2022년 3월 기준으로 테슬라 주식 국내 보관 금액은 무려 19조 원환율 1,200원 적용에 달한다. 2위는 애플, 3위는 엔비디아, 4위는 구글의 모회사인 알파벳, 5위는 마이크로소프트 순이다. 미국 주식 보유 상위 종목 순위는 표와 같다.

중국 주식은 크게 홍콩거래소와 중국본토거래소가 있으며, 각 거래소의 국내 투자자 보유 상위 종목은 표와 같다.

홍콩거래소 보유 상위 종목은 1위 강봉리튬, 2위 텐센트 홀딩스, 3위 BYD, 4위 알리바바 그룹, 5위 SMIC 순이다. 이는 ETF를 제외한

국내 투자자의 미국 주식 보유 상위 종목

순위	종목명	보관 금액(달러)	보관 금액(억 원)
1	테슬라	15,861,096,972	190,333
2	애플	5,264,788,140	63,177
3	엔비디아	3,308,030,072	39,696
4	알파벳A	2,516,106,751	30,193
5	마이크로소프트	2,457,696,545	29,492
6	PROSHARES ULTRAPRO QQQ ETF	2,128,771,823	25,545
7	아마존닷컴	1,801,519,423	21,618
8	INVESCO QQQ TRUST SRS 1 ETF	1,447,424,166	17,369
9	SPDR SP 500 ETF TRUST	1,206,418,586	14,477
10	DIREXION DAILY SEMICONDUCTORS BULL 3X SHS ETF	807,716,221	9,693
11	루시드 그룹	692,125,976	8,306
12	메타 플랫폼	636,473,571	7,638
13	ASML	607,951,487	7,295
14	VANGUARD S&P 500 ETF	603,828,676	7,246
15	해즈브로	497,057,014	5,965
16	AMD	450,899,735	5,411
17	월트디즈니	444,639,085	5,336
18	PROSHARES ULTRA QQQ ETF	444,432,229	5,333
19	보잉	428,257,425	5,139
20	ISHARES SEMICONDUCTOR ETF	393,921,180	4,727

출처 : SEIBro

순서다.

중국**본토**거래소 보유 상위 종목은 1위 항서제약, 2위 BYD, 3위 귀주

국내 투자자의 홍콩 주식 보유 상위 종목

순위	종목명	보관 금액(달러)	보관 금액(억 원)
1	강봉리튬	355,475,650	4,266
2	HANG SENG CHINA ENTERPRISES INDEX ETF (HKD)	307,551,139	3,691
3	텐센트 홀딩스	294,162,572	3,530
4	GLOBAL X CHINA ELECTRIC VEHICLE AND BATTERY ETF(USD)	193,569,110	2,323
5	BYD	132,319,220	1,588
6	GLOBAL X CHINA ELECTRIC VEHICLE AND BATTERY ETF(HKD)	128,220,754	1,539
7	알리바바 그룹	99,228,534	1,191
8	GLOBAL X CHINA CLEAN ENERGY ETF(USD)	69,829,996	838
9	SMIC	62,903,034	755
10	GLOBAL X CHINA CLEAN ENERGY ETF(HKD)	59,317,694	712
11	GCL-POLY ENERGY	58,550,654	703
12	중국손해보험	48,316,223	580
13	GLOBAL X CHINA SEMICONDUCTOR ETF(USD)	44,311,223	532
14	CARSGEN THERAPEUTICS	44,032,186	528
15	길리 자동차	43,724,257	525
16	GLOBAL X CHINA CONSUMER BRAND ETF (USD)	36,454,142	437
17	CHINAAMC CSI 300 INDEX ETF HKD	34,505,724	414
18	GLOBAL X CHINA BIOTECH ETF(USD)	32,225,466	387
19	메이투안디앤핑	30,399,889	365
20	샤오미 그룹	29,728,427	357

출처 : SEIBro

국내 투자자의 중국 본토 주식 보유 상위 종목

순위	종목명	보관 금액(달러)	보관 금액(억 원)
1	항서제약	263,560,032	3,163
2	BYD	153,622,238	1,843
3	귀주모태주	137980879	1,656
4	CTG면세점	136,602,625	1,639
5	강봉리튬	90,559,468	1,087
6	융기실리콘자재	87,911,457	1,055
7	중국핑안보험	67,260,926	807
8	해천미업	62,851,877	754
9	CATL	50,640,168	608
10	우량예	41,473,449	498
11	WUXI APPTEC	32,577,725	391
12	창신신소재	32,163,840	386
13	베이팡화창	30,840,944	370
14	이리실업	28,285,949	339
15	YINHUA TRADED MONEY MARKET FUND ETF(511880)	26,087,783	313
16	칭다오하이얼	25,795,363	310
17	메이디 그룹	25,784,782	309
18	상해자동차	24,062,702	289
19	천사첨단신소재	23,012,198	276
20	하이크비전	21,869,685	262

출처 : SEIBro

모태주, 4위 CTG면세점, 5위 강봉리튬 순이다.

강봉리튬과 BYD의 홍콩·본토 지분을 합산하고, 알리바바 그룹의 미국 ADR 지분을 합산하여, '중국 기업'에 대한 보유 금액 순위를 매겨 보면 표와 같다.

상위 기업들의 업종을 보면 전기차**강봉리튬, BYD**, 인터넷플랫폼**텐센트, 알리바바**, 제약바이오**항서제약**, 소비**귀주모태, CTG면세점**, 태양광**융기실리콘자재**, 금융**중국평안보험**, 반도체**SMIC**에 해당하는 기업들이다.

해외 주식은 정보가 제한적이다 보니 국내 투자자들이 증권사 자료에 더욱 의존할 수밖에 없는 상황이다. 더욱이 국내 주식은 모든 업종의 다양한 기업들을 커버하는 많은 연구 인력이 있지만, 해외 기업 분

국내 투자자의 중국 본토와 홍콩 합산 보유 상위 종목

순위	종목명	보관 금액(억 원)
1	강봉리튬	5,353
2	알리바바	3,546
3	텐센트 홀딩스	3,530
4	BYD	3,431
5	항서제약	3,163
6	귀주모태주	1,656
7	CTG면세점	1,639
8	융기실리콘자재	1,055
9	중국평안보험	980
10	SMIC	755

석 인력은 턱없이 부족한 실정이다.

그런 이유로 미국과 중국 주식 시장이 국내보다 훨씬 큼에도 불구하고, 국내에 소개되는 기업들이 매우 한정적이다. 소수의 기업들만 커버하다 보니 가장 핫한 업종의 대표 기업들 위주로 소개할 수밖에 없고, 국내 투자자들의 시각이 여기에 한정될 수밖에 없다.

여기서 문제는 기업의 주가 흐름이 핫할 때 보고서도 더 활발히 나오고, 급락하게 되면 보고서도 줄어들고 의견도 이를 반영하여 비관적으로 나온다. 그러다 보니 증권사 자료의 의존도가 높은 해외 주식 투자에서 고점에 물리고, 큰 하락 이후 손절하는 경우도 많이 일어난 것이 안타까운 현실이다.

'중국 주식' 하면 떠오르는 핫한 업종인 전기차, 반도체, 바이오 등에 속한 기업들은 전반적으로 성장성이 높은 만큼 밸류에이션도 높고, 배당 성향이 낮거나 0인 기업이 많다. 그래서 국내에 소개되는 중국 주식 중 배당 투자 매력이 있는 기업들은 극히 드물다.

국내 투자자의 중국 주식 보유 상위 기업 6위에 랭크된 귀주모태주는 중국의 독보적인 백주 기업이다. 중국 본토에 상장된 기업 중 시가총액 1위며, 필수소비재 기업 중 가장 우량한 기업이다. 심지어 동사의 현금 흐름은 환상적인 수준이며, 이익의 50% 이상을 매년 배당금으로 주주들에게 지급하고 있다.

문제는 밸류에이션이 너무 높다는 것이다. PER이 가장 높을 때는 50배가 넘었던 적도 있으며, 현재는 2022년 예상이익 기준 35~40배 수준에서 거래되고 있다. 그래서 배당 성향이 52%나 되지만, 실제 배당수익률은 1.44%에 불과하다.

물론 이익의 빠른 증가로 배당금도 빠르게 증가하겠지만 보수적인 배당주 투자자 입장에서 이 종목을 평가한다면, 기업은 정말 좋지만 높은 벨류에이션이 부담되어 매수를 꺼리게 된다.

중국 주식 시장에도 미국의 '배당 왕' 같은 안정적인 배당주가 많이 있다. 국내 투자자들에게 소개가 안 될 뿐이다. 국내 증권사들이 해외 기업 연구 인력에 투자를 많이 하여 더 많은 유망 기업들이 투자자들에게 알려지길 바라지만, 증권사들의 투자 대비 성과를 고려하면 단기간 내에 쉽지 않을 것 같다.

필자의 이번 책이 독자 분들의 중국 주식 배당주 투자에 조금이나마 도움이 되었으면 하는 바람이다.

중국 배당주
잘 고르는 방법

배당 성향60% 이상이 높은 고배당주보다 적당한 수준20~40%의 배당금을 지급하면서, 성장성도 기대할 수 있는 배당성장주 투자를 선호한다고 앞서 언급한 바 있다.

이미 이러한 기업들을 많이 알고 있다면, 관심 종목 리스트를 만들어서 좋은 가격에 매수할 수 있도록 지속적인 연구와 모니터링을 하면 된다. 하지만 아직 아는 종목이 많지 않다면, 관심 종목 리스트에 포함시킬 종목들부터 찾아 나서야 된다.

필자는 주로 지인들의 추천이나 국내외 증권사 리포트를 참고하여 종목에 대한 투자 아이디어를 얻기도 하지만, 가끔 증권사 HTS의 '스크리너' 기능을 활용하여 종목 정보를 얻기도 한다.

요즘은 MTSMobile Trading System 어플이 잘 되어 있어서 HTSHome

Trading System를 PC에 설치조차 하지 않는 투자자들도 많다. MTS가 거래도 간편하고, 편의성은 높지만 정보 활용 측면에서는 HTS를 따라올 수 없다.

필자는 주거래 증권사인 미래에셋증권의 HTS카이로스를 사용한다. '[9450]해외 기업 정보FnGuide' 화면에서 해외 기업의 전반적인 기업 현황을 볼 수 있으며, 스크리너 탭에서 '조건별 검색'을 누르면, 다음과 같은 화면을 만나게 된다. 이 화면에서는 내 입맛에 딱 맞는 조건의 기업들을 뽑아낼 수 있다.

예를 들어 미국에 상장되어 있고, 시가총액은 10조 원이 넘으면서,

증권사 HTS [스크리너] - 조건별 검색 1

출처 : 미래에셋증권 HTS

PER은 30배 이하, ROE는 15% 이상, 부채비율은 150%보다 낮으면서, 배당 성향은 30%가 넘는 기업을 검색하면 이 모든 조건에 부합하는 종목들이 스크리닝되어 '짜잔!' 하고 나타난다.

이번에는 홍콩에 상장된 매력적인 배당주를 찾기 위한 스크리닝을 해보자. 다음과 같이 5가지 기준을 적용했다. 홍콩 상장 기업 중에서 시가총액 2조 원 이상, PER**FY1** 20배 이하, PBR**FY1** 2배 이하, 배당 성향 30% 이상, 배당수익률**FY1** 4% 이상을 스크리닝했다**FY는 Fiscal Year, 회계 연도를 일컫는다. FY1은 올해, FY2는 내년을 뜻한다.**

이 모든 조건에 부합하는 종목을 검색하면 91개 종목이 걸러진다.

증권사 HTS [스크리너] - 조건별 검색 2

출처 : 미래에셋증권 HTS

더 많은 기준을 보수적으로 추가할 수도 있다. 하지만 정말 좋은 기업인데 여러 가지 조건 중 하나가 맞지 않아서 탈락하는 종목이 생길 수도 있기 때문에, 러프한 기준으로 걸러진 종목들을 하나하나 들여다보면 더 많은 기회를 얻을 수 있게 된다.

91개 종목들 중 부동산주는 리스크가 높고, 은행주는 성장성이 떨어져서 제외했다. 이렇게 걸러진 종목 리스트를 배당수익률이 높은 순서대로 나열했다.

가장 배당수익률이 높은 종목은 시노펙**중국석유화학**이며 동사의 PER_{FY1}

증권사 HTS [스크리너] - 조건별 검색 결과 1

종목코드	종목명	WI26	PER (FY1)	PBR (FY1)	배당성향 (FY0)	배당수익률 (FY1)
386-HK	China Petroleum and Chemical H	에너지	4.94	0.46	50.22	11.63
1378-HK	China Hongqiao Group	비철,목재등	4.21	0.88	47.31	11.10
639-HK	Shougang Fushan Resources Group	철강	6.55	0.79	80.02	10.84
1088-HK	China Shenhua Energy H	에너지	6.59	0.92	106.37	10.29
1359-HK	China Cinda Asset Management H	증권	3.39	0.27	34.87	9.77
2386-HK	SINOPEC Engineering Group H H	건설,건축관련	5.63	0.48	57.59	9.65
1508-HK	China Reinsurance (Group) H	보험	3.45	0.25	32.54	9.05
883-HK	CNOOC	에너지	4.98	0.77	71.55	8.94
1171-HK	Yankuang Energy Group Company H	에너지	5.53	1.26	81.63	8.66
1313-HK	China Resources Cement Holdings	건설,건축관련	5.77	0.83	47.93	8.54
659-HK	NWS Holdings	건설,건축관련	8.85	0.52	201.27	8.40
1336-HK	New China Life Insurance Company H	보험	3.60	0.50	32.37	8.28
3323-HK	China National Building Material H	건설,건축관련	3.59	0.58	33.83	8.14
165-HK	China Everbright	증권	4.49	0.28	36.47	8.02
2601-HK	China Pacific Insurance (Group) H	보험	5.67	0.69	53.13	7.99
1898-HK	China Coal Energy H	에너지	3.63	0.52	35.44	7.65
2611-HK	Guotai Junan Securities Coporation H	증권	5.63	0.54	49.67	7.64
2628-HK	China Life Insurance H	보험	5.03	0.58	38.00	7.44
2314-HK	Lee & Man Paper Manufacturing	비철,목재등	4.82	0.60	37.04	7.40
257-HK	China Everbright Environment Group	유틸리티	4.00	0.59	30.63	7.39
1258-HK	China Nonferrous Mining Corporation	비철,목재등	4.60	0.87	40.05	7.39
762-HK	China Unicom (Hong Kong)	통신서비스	6.51	0.29	43.15	7.38
1339-HK	The People's Insurance Co (Group) of China H	보험	4.04	0.40	36.71	7.38
6881-HK	China Galaxy Securities H	증권	4.25	0.43	32.85	7.29
857-HK	Petrochina H	에너지	6.36	0.46	174.58	7.16
3808-HK	Sinotruk (Hong Kong)	기계	4.98	0.80	37.25	7.07
1958-HK	BAIC Motor H	자동차	4.79	0.32	36.01	7.02
839-HK	China Education Group Holdings	미디어,교육	7.16	0.99	51.68	7.02
576-HK	Zhejiang Expressway H	운송	5.03	0.88	54.43	6.87
728-HK	China Telecom H	통신서비스	8.41	0.54	43.12	6.86

은 4.94배, PBR$_{FY1}$은 0.46배며 예상 배당수익률은 11.6%나 된다. 동사는 중국의 대표 에너지 기업이며, 중국 수소 산업 발전의 핵심 기업이기도 하다.

시노펙에 대해 몰랐거나, 이름은 들어보았지만 관심이 없었던 독자분들은 스크리너 기능을 통해 동사의 매력적인 밸류에이션에 대해 알게 되어, 더 자세히 분석해보고 싶은 분들도 있을 거라 생각한다.

91개 종목을 배당수익률 순서로 나열해보니 배당 성향이 높아서 성장성이 떨어지는 기업들도 여럿 보인다. 그래서 배당 성향이 40%가 넘는 종목을 제외하니 26개 종목으로 좁혀졌다. 여기에 해당하는 기

증권사 HTS [스크리너] - 조건별 검색 결과 2

종목코드	종목명	WI26	PER (FY1)	PBR (FY1)	배당성향 (FY0)	배당수익률 (FY1)
1359-HK	China Cinda Asset Management H	증권	3.39	0.27	34.87	9.77
1508-HK	China Reinsurance (Group) H	보험	3.45	0.25	32.54	9.05
1336-HK	New China Life Insurance Company H	보험	3.60	0.50	32.37	8.28
3323-HK	China National Building Material H	건설,건축관련	3.59	0.58	33.83	8.14
165-HK	China Everbright	증권	4.49	0.28	36.47	8.02
1898-HK	China Coal Energy H	에너지	3.63	0.52	35.44	7.65
2628-HK	China Life Insurance H	보험	5.03	0.58	38.00	7.44
2314-HK	Lee & Man Paper Manufacturing	비철,목재등	4.82	0.60	37.04	7.40
257-HK	China Everbright Environment Group	유틸리티	4.00	0.59	30.63	7.39
1339-HK	The People's Insurance Co (Group) of China H	보험	4.04	0.40	36.71	7.38
6881-HK	China Galaxy Securities H	증권	4.25	0.43	32.85	7.29
3808-HK	Sinotruk (Hong Kong)	기계	4.98	0.80	37.25	7.07
1958-HK	BAIC Motor H	자동차	4.79	0.32	36.01	7.02
914-HK	Anhui Conch Cement H	건설,건축관련	5.03	0.91	34.32	6.50
1199-HK	COSCO Shipping Ports	운송	7.18	0.45	39.94	5.70
902-HK	Huaneng Power International H	유틸리티	15.95	0.48	491.29	5.69
2128-HK	China Lesso Group Holdings	건설,건축관련	6.79	1.12	36.48	5.30
6886-HK	Huatai Securities H	증권	6.39	0.63	35.82	5.16
1776-HK	GF Securities H	증권	6.38	0.66	36.08	5.15
552-HK	China Communications Services H	건설,건축관련	6.68	0.58	38.78	5.15
1099-HK	Sinopharm Group H	필수소비재	5.81	0.71	32.30	5.12
1-HK	CK Hutchison Holdings	증권	6.81	0.42	30.62	4.76
2607-HK	Shanghai Pharmaceuticals Holding H	필수소비재	6.62	0.74	32.08	4.61
1907-HK	China Risun Group	화학	5.12	1.35	32.93	4.39
189-HK	Dongyue Group	화학	9.01	1.51	33.20	4.14
2238-HK	Guangzhou Automobile Group H	자동차	7.59	0.61	32.31	4.03

업들은 배당 성향이 30%대로 높지 않은 수준이지만, 배당수익률은 4~9%로 매력적인 밸류에이션에 주가가 형성되어 있다.

스크리너 기능을 활용하면 내가 원하는 조건의 매력적인 종목들을 손쉽게 찾아낼 수 있다.

이제 이렇게 걸러진 종목들 중 관심 있는 종목을 하나씩 깊이 들여다볼 차례다. **먼저 기업의 사업 현황, 성장성, 수익성, 안정성 등을 검토한다. 그다음 배당금 지급이 꾸준히 증가하는지, 이번 배당금이 일시적으로 높은 것인지 등을 알아본다. 그리고 향후 이러한 투자 매력이 지속될 수 있는 기업인지도 판단해본다.**

뒤에서 소개할 보험주 두 종목중국생명보험, 인민보험 그룹과 제약주 두 종목시노팜, 상해제약 그룹이 스크리너에 포착된 것을 볼 수 있다. 낚시하듯이 원하는 조건으로 종목 스크리닝을 하다 보면 뜻밖에 '대어'를 낚게 되는 경우가 종종 있다.

흥미롭게 읽으신 독자 분들은 원하는 조건을 넣어서 미국 주식과 중국본토 주식도 스크리닝해보길 바란다.

중국 배당주
언제 사고, 언제 팔까?

중국 배당주뿐만 아니라, 모든 투자는 '쌀 때' 사고, '비쌀 때' 팔아야 한다. 말은 쉽지만, 막상 종목을 분석하면 이 가격이 싼지 비싼지 명확하게 판단하는 것이 쉽지 않다. 주가가 많이 하락했어도 기업에 대한 전망이 비관적이라면 싸졌다고만 평가할 수 없고, 반대로 주가가 많이 올랐어도 향후 고성장이 이어질 가능성이 높다면 비싸졌다고만 평가할 수 없기 때문에 싸게 사서 비싸게 파는 것이 쉬운 일이 아니다.

배당주 투자의 매력 중 하나는 성장주 대비 상대적으로 주가가 합리적인 가격에서 등락한다는 것이다. 50년 이상 배당금을 매년 인상한 미국의 배당 왕 종목인 A기업이 있다고 가정해보자. A의 사업은 매우 안정적이며, 이익의 40%를 매년 배당금으로 지급하고 있다. 시장에서는 A기업이 앞으로 60~70년 계속해서 배당금을 인상하며 배당 왕의 자리를 유지할 것을 신뢰하고 있다.

이 기업의 주가 밸류에이션은 오랜 기간 평균 PER 20배 수준을 유지해왔다. PER이 20배일 때, 보통 배당수익률은 3%를 기록했다. 경기가 나빠지거나 단기적인 악재가 발생했을 때 주가는 하락하여 PER이 10배까지 낮아지기도 했다. 당시 배당수익률은 6%로 증가하면서 매력적인 배당수익률에 투자자들의 매수세가 폭증했고, 주가는 바닥을 찍고 반등하기 시작했다.

반대의 경우도 있다. 시장 환경이 좋고, 동사의 주가는 연일 상승세를 이어 가면서 PER은 40배까지 증가하여 밸류에이션 부담이 높아졌다. 배당수익률은 1.5%까지 낮아져서 상대적으로 높은 배당수익률을 기대할 수 있는 다른 종목으로 갈아타는 매도세가 증가하면서 주가의 거품은 서서히 꺼져 갔다.

가상의 A종목을 이야기했지만, 안정적인 배당주의 주가 움직임을 보면 대부분 이와 같은 흐름을 보인다. 금융은 신뢰가 가장 중요하다. 신뢰가 깨진 종목의 결말은 참담하다. 기업 오너의 횡령이나 신약을 개발하는 바이오 기업의 임상 실패 등은 주가에 엄청난 악재로 작용한다.

반대로 신뢰가 높고 사업이 안정적인 기업은 주가가 안정적으로 움직인다. 이런 종목에 투자하면 투자자의 마음도 편안해서 주식 투자가 더 안정적으로 다가온다. 두 종목이 같은 기간에 똑같이 30%씩 하락했어도 신뢰를 주는 기업의 투자자는 마음이 편안할 것이고, 그렇지 못한 기업에 투자한 투자자는 불안한 마음에 잠을 설친다. 장기적으로 밤잠을 설치게 하는 투자는 좋은 결과를 기대하기 어렵다.

안정적인 배당주의 '배당금'은 주가의 과도한 하락을 제한하는 힘을 발휘한다. 그리고 '배당수익률'을 매수&매도의 기준으로 삼으면 이성적으로 판단하는 데 도움이 될 뿐만 아니라 마음도 편안하다.

앞에서 소개한 스크리너를 활용하여 1차적으로 관심 종목 리스트를 만들고, 한 종목씩 자세히 들여다보면서 매수하고 싶은 최종 관심 종목 리스트를 만들었다고 하자. **그다음으로 중요한 것은 이 종목들을 언제 사고, 언제 팔아야 될지를 파악하는 것이다.**

짧게는 5~10년간의 배당금 지급 내역을 정리하고, 길게는 20년까지도 배당금 지급 추이를 파악해보는 것도 좋다. 최근 5년간의 배당금 내역은 HTS '해외 기업 정보' 화면에서 확인이 가능하다. 그 이상의 장기 데이터는 직접 해당 기업의 홈페이지 IR 자료를 확인하는 방법도 있고, PART 5에서 소개하는 추천 어플인 'Webull'에서 장기간 배당금을 지급한 내역을 확인할 수 있다.

매년 얼마의 배당금을 지급했는지 파악했다면 해당 연도의 시가배당률을 체크할 차례다. '시가배당률'이란 배당금이 배당 기준일 주가의 몇% 인가를 나타낸 것이다. 구체적인 배당 기준일까지 파악하는 것이 번거로울 수 있다. 그렇다면 분석하는 종목의 배당 기준일이 주로 7~8월에 있다면, 그냥 매년 7월 종가로 적용하여 대략적인 시가배당률만 파악하는 것으로도 충분하다.

좋은 가격에 매수하려고 분석을 마친 종목의 장기 시가배당률 추이를 확인해보니 저평가 구간에서는 배당수익률이 6%대까지 올라왔고, 고평가 구간에서는 2% 미만으로 낮아지는 것을 확인했다고 가정해보자.

그럼 나는 이 종목의 주가가 하락하여 배당수익률이 5%를 넘어서면 계획했던 투자금의 절반 정도를 매수할 것이다. 이 또한 여러 번 나눠서 분할 매수할 것이다. 절반 정도 매수했는데, 예상치 못하게 정확하게 바닥을 잡아서 그 이후 계속 상승하게 된다면, 계획했던 투자금을 다 채우지 않고 지켜볼 것이다. 이미 투자한 금액에 대한 수익이 나고 있으니 즐거운 마음으로 남은 투자금은 다른 저평가 종목의 비중을 늘리는 데에 사용할 것이다.

반대로 투자금의 절반을 투자한 이후에 주가가 하락한다면 이때도 즐거운 마음으로 추가 매수를 진행할 것이다. 충분히 싸게 샀는데 주가가 더 하락하고, 무엇보다 추가 매수할 수 있는 여력이 있으니 주가 하락에 기분이 나쁘지만은 않을 것 같다.

이러한 대응은 안정적인 배당주일 경우에 마음 편하게 할 수 있는 행동이다. 배당 성향이 0%인 유망 성장주의 주가가 과도하게 하락하면 투자자는 한밤중 망망대해에서 노를 젓는 기분이다. 왜 하락하는지 이유도 모르겠고, 내가 모르는 악재가 추가로 더 발표될 것 같은 기분이 엄습한다. 그래서 우량한 배당주가 아니면 하락하는 주가를 받아 내는 것이 말처럼 쉽지 않다.

지난 2020년 3월 코로나19가 창궐하면서, '마이너스 유가'라는 사상 초유의 사태를 경험했다. 전 세계 주식 시장은 단기간에 큰 폭의 하락을 겪었고, 투자자들을 공포에 떨게 했다. 이런 상황에서 주가가 과도하게 하락했다는 이유만으로는 쉽게 매수 버튼에 손이 가질 않는다. 하락이 얼마나 언제까지 이어질지도 모르고, 주가가 많이 하락했다고 매수했는데 해당 기업의 장기 펀더멘털이 크게 훼손될 수도 있기 때문이다.

이런 글로벌 충격은 늘 지나고 보면 기회였음을 깨닫게 되지만, 당시에는 매수할 엄두가 나질 않는다. **그런데 충분히 분석을 끝내 놓은 안정적인 배당주는 이런 시기에도 매수할 수 있는 신뢰를 준다.**

기업의 장기 펀더멘털은 유지되면서, 단기 악재로 주가가 조정받았을 때 매수하는 것이 가장 좋은 투자다. 이런 시기에 우량한 배당주는 역사적으로 높은 배당수익률 구간에 들어설 것이고, 배당수익률이 높을 때 매수했다면 조정 국면이 길어져도 편안하게 기다릴 수 있다.

우량 배당주는 매도도 편안하게 할 수 있다. 시세 차익만을 위해 투자한 종목은 매도가 중요하다. 올랐을 때 팔지 못하고 주가가 흘러내리면 투자한 기간 동안의 노력과 인내가 수포로 돌아가는 기분이 들 것이다. '지금이라도 팔아야 하나?'라는 생각이 들고, 손실 구간으로 들어서게 되면, '이거라도 건져야 하나?'라는 초조함이 몰려온다.

하지만 안정적인 배당주는 매년 배당금을 받으며 차분히 팔아야 할 시점을 기다릴 수 있다. 원하는 가격에 도달했을 때 팔지 못하고 하락하면, 배당금을 받으며 다시 올 기회를 기다리면 된다. 이 또한 말처럼 쉽지는 않겠지만 배당주가 싸게 사고, 비싸게 파는 것이 훨씬 수월하다는 것을 경험을 통해 깨닫게 되었다.

중국 제약 업종, 배당주 투자 아이디어

제약 업종은 중국 주식 시장에서 성장성이 가장 높은 유망 업종 중 하나다. 중국 주식에 투자하면서 중국 제약주를 편입하지 않는 것은 '앙꼬 없는 찐빵'과 같다고 할 수 있다.

중국의 제약 업종 투자가 매력적인 이유를 간략하게 정리하면 다음과 같다.

① **소득 증가 :** 중국의 도시화와 중산층의 증가로 의료 관련 지출이 빠르게 늘어나고 있다.

② **고령화 :** 중국 14억 인구의 고령화가 빠르게 진행 중이며, 기대 수명이 증가하고 있다. 즉 의료 비용 지출이 많은 인구가 빠르게 증가하고 있다.

③ **정부 정책 :** 중국 정부의 의료 관련 지출은 선진국 대비 현저히 낮은 수

준이다. 의료 인프라 직접 투자와 의료 비용 보조 부담을 확대하며, 중국의 헬스케어 산업의 양적&질적 성장을 견인할 것이다.

중국의 제약&바이오와 관련하여 진행되고 있는 정부 정책 두 가지를 알아보자.

첫 번째로 알아볼 정부 정책은 2018년부터 중국 국가의료보장국이 중국 국민의 건강 개선 및 병원 진찰, 의료비 부담을 줄이기 위해 '의료보험 약품 목록'을 지속해서 늘리고 있다는 것이다. 그런 이유로 약품 집중 대량 구매입찰를 진행하여 제약 업체들의 대규모 약가 인하가 발생했다.

통상적으로 국가의료보험과 집중 구매 목록에 편입되면 약가 인하 폭은 크지만, 대형 공립병원 판매량이 크게 증가하여 시장점유율을 확대할 수 있다. 그 때문에 NRDL국가의료보험 목록에 약품이 편입되면 해당 제약사에 호재로 인식된다.

그런데 큰 폭의 약품 가격 인하는 적용되었지만, 아직 공립병원으로 공급이 충분히 이뤄지지 않고, 지역별 적용 시점 차이로 인해 판매량 확대 효과가 제한적이었다. 그 여파로 이익이 급감하고, 그에 따라 주가가 큰 폭으로 하락하는 기업들이 발생했다.

투자자들에게 익숙한 중국 제약사 '항서제약'이 대표적이다. 국내 투자자들에게 가장 많이 알려진 중국의 제약주이자 중국 본토에 상장되어 있는 종목 중에서 국내 투자자들이 가장 많이 보유하고 있는 종목이기도 하다. 동사는 후강퉁이 시행된 2014년 11월 17일부터 2021년 1월 8일까지 약 6년 동안 1,030%의 주가 상승을 기록했다.

2020년 11월 제4차 정부 의약품 집중 구매 목록에 동사의 약품 6개가 편입되었고, 약가 인하에 따른 매출 급감으로 어닝쇼크 우려감에 2020년 PER 93배까지 상승한 주가는 조정을 받기 시작했다. 2021년 1월 97.2위안의 고점을 기록하고, 2022년 9월 1일 주가는 34.7위안까지 하락했다. 이는 고점 대비 -64.3%의 하락 폭이다.

항서제약의 PER 밴드 차트를 보면 2014년부터 이익이 가파르게 상승하고, 주가는 그보다 더 가파르게 상승하며 밸류에이션은 과도하게 높아졌다. PER 100배에 가까운 밸류에이션은 동사의 과거 성장세를 그대로 유지해도 부담스러운 수준인데, 2021년 분기 실적들이 어닝쇼크가 나오면서 동사의 주가는 큰 폭의 하락을 겪게 되었다.

2022년 예상이익 기준 PER은 33배까지 낮아졌다. 30배 초반의 밸류에이션은 동사의 역사적 저평가 국면에 해당하는 수준이다. 하지만 약가 인하의 여파가 얼마나 갈지, 이를 커버하는 정도의 매출 증가가 나와 줄지 지켜봐야 할 것 같다.

동사는 매년 10%대의 배당 성향을 이어 가고 있으며, 낮은 배당 성향에 밸류에이션까지 높다 보니 배당수익률은 1% 위로 올라온 적이 없다. 배당주 투자의 관점에서는 투자 매력이 높지 않다.

두 번째로 알아볼 정부 정책은 '중국 의약품 양표제Two-Invoice System 실시'다. 양표제는 제약사가 의약품 생산 후 7~8차의 유통 업체를 거쳐 의료기관에 최종 납품되던 기존의 관행을 금지하고, 하나의 유통 업체가 바로 의료기관에 납품하도록 규정한 제도다.

이러한 유통 구조 개혁을 통해 유통 과정에서 발생하는 위법 행위

항서제약 PER 밴드 차트

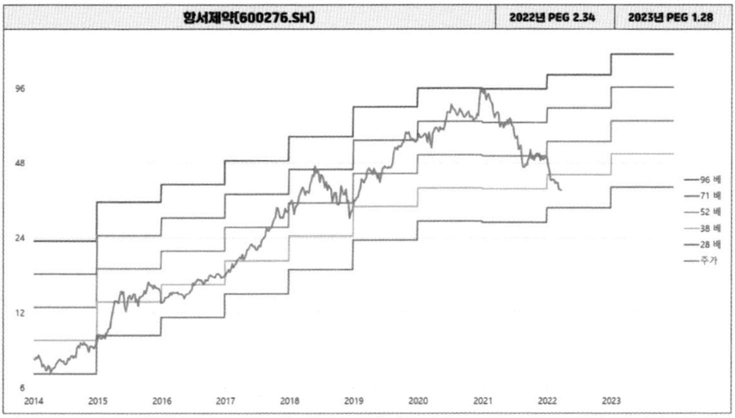

단위 : CNY

를 차단하고, 유통 마진을 감소시킴으로써 최종 소비자의 구매 가격을 낮추는 효과를 가져온다. 2017년 양표제 시행 방안이 발표되었으며, 2018년부터 중국 전역으로 확대되고 있는 정책이다. 이에 따른 업계 구조조정이 예상되며, 일체형 구조의 대형 유통사들의 경쟁력이 부각될 전망이다.

중국 의약품 유통 업체 상위 기업들을 소개하기에 앞서, 미국의 의약품 유통 업체 3사를 먼저 살펴보자.

미국의 의약품 유통 업체 빅3는 아메리소스버겐ABC, 카디널 헬스CAH, 맥케슨MCK이다. 3사의 미국 시장점유율은 95%에 달한다. 3사의 20년간 흐름을 보면, '배당 왕' 종목들 못지않은 주가 상승과 배당금 인상을 지속한 것을 볼 수 있다.

중국 의약품 양표제(Two-Invoice System)

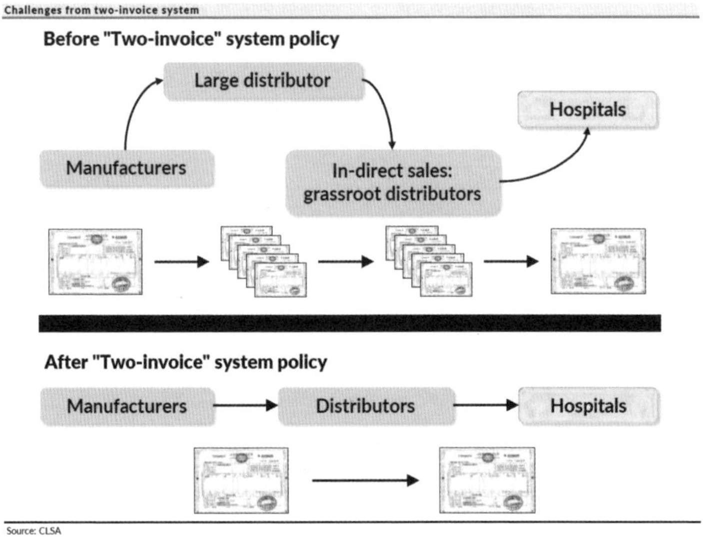

중국의 의약품 유통 업체, 상위 3개 기업의 시장점유율은 50% 미만이다. 중국에는 현재 수많은 의약품 유통 업체들이 있지만, 정부의 '양표제' 시행으로 업계는 강자 독식의 시대가 빠르게 진행 중이다.

중국의 유통 기업들은 의약품 제조 및 소매 판매까지 전반적인 사업을 영위하고 있어서, 필자는 중국의 의약품 유통 3사가 미국의 의약품 유통 3사보다 투자 매력이 훨씬 더 높다고 생각한다.

중국의 의약품 유통 업체 빅3는 ① 시노팜, ② 상해제약, ③ 화룬제약이다. 3사를 포함한 5업체 정도가 중국 전체 의약품 유통 시장을 과점하게 될 전망이다.

아메리소스버겐 주가 추이

단위 : USD

아메리소스버겐 배당금 지급 추이

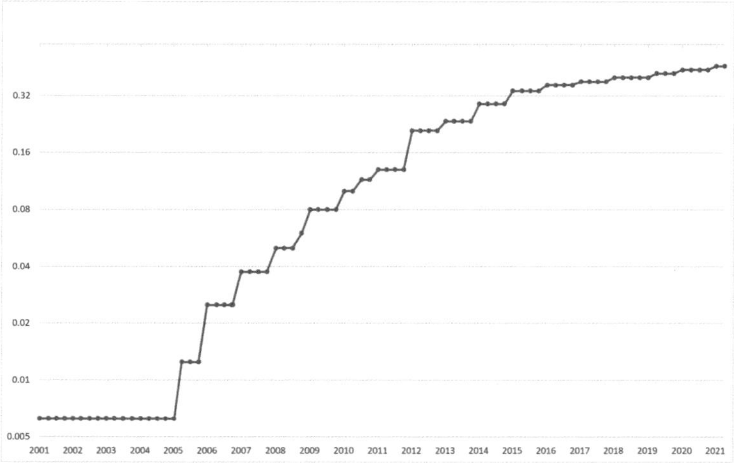

단위 : USD

카디널 헬스 주가 추이

단위 : USD

카디널 헬스 배당금 지급 추이

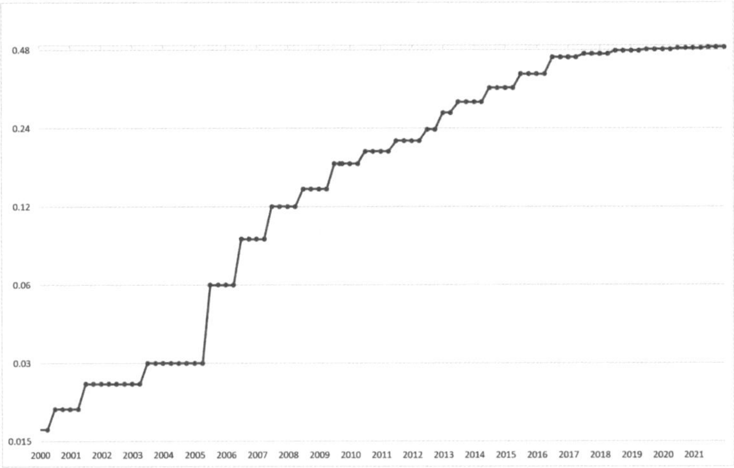

단위 : USD

맥케슨 주가 추이

단위 : USD

맥케슨 배당금 지급 추이

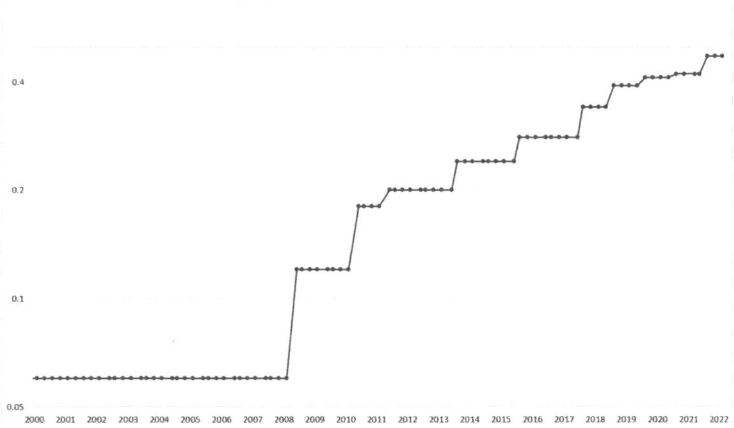

단위 : USD

이 종목들은 항서제약처럼 수익성이나 성장성이 높은 기업은 아니다. 하지만 사업이 안정적이고, 장기적인 전망이 명확해 보인다는 장점을 가지고 있다. 또한 이 기업들이 보유하고 있는 제약사들을 하나하나 들여다보면 매력적인 알짜 자산을 많이 보유하고 있음을 알 수 있다.

빅3 기업 중 하나인 화룬제약의 사업 개요를 보면, 동사는 중국에서 3번째로 큰 의약품 유통 업체다. 또한 중국에서 가장 큰 의약품 제조업체 중 하나고, OTC 의약품 분야에서는 가장 큰 기업이다.

중국의 유명 제약 기업인 '화윤삼구제약**000999.SZ**', '동아아교**000423.SZ**', '화윤쌍학제약**600062.SH**' 상장사 세 곳을 포함하여 CR ZIzhu, CR Bio, CR Care 등의 계열사를 거느리고 있는 지주 회사다.

화룬제약 사업 개요

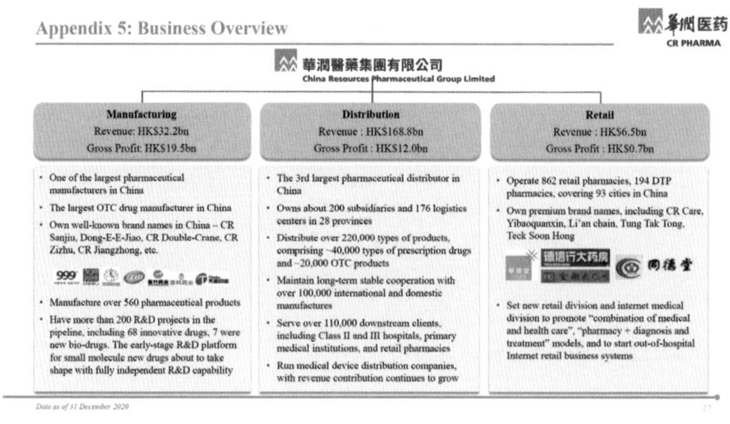

출처 : 화룬제약 IR 자료

무엇보다 매력적인 것은 낮은 밸류에이션과 높은 배당수익률이다. 3사의 밸류에이션과 배당금 지급 추이를 한 종목씩 살펴보자.

첫 번째 기업은 중국 최대 의약품 유통 업체인 시노팜**01099.HK**이다. 동사는 매년 이익의 30% 정도를 배당금으로 주주들에게 지급해왔다. 배당금 지급 추이를 보면, 매년 배당금이 꾸준히 증가하고 있는 것을 알 수 있다. 2022년 예상 배당금은 주당 0.99HKD이다**참고로 2022년 배당금은 2022년 실적에 대한 것으로, 2023년에 지급되는 배당금을 의미한다.**

주당 0.99HKD를 현재 주가로 나누면 투자금 대비 배당수익률이 된다. 2022년 9월 1일 주가인 17.48HKD를 반영하면, 2022년 예상 배당수익률은 5.66%다. 그리고 2023년 배당수익률은 5.95%, 2024년

시노팜 배당금 추이

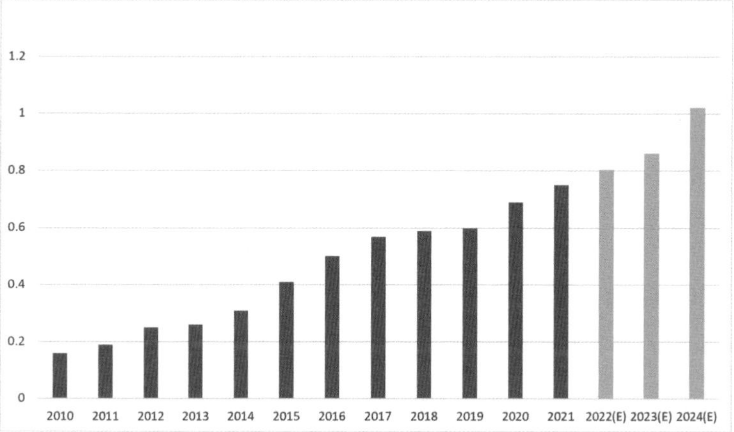

단위 : CNY

시노팜 PER 밴드 차트

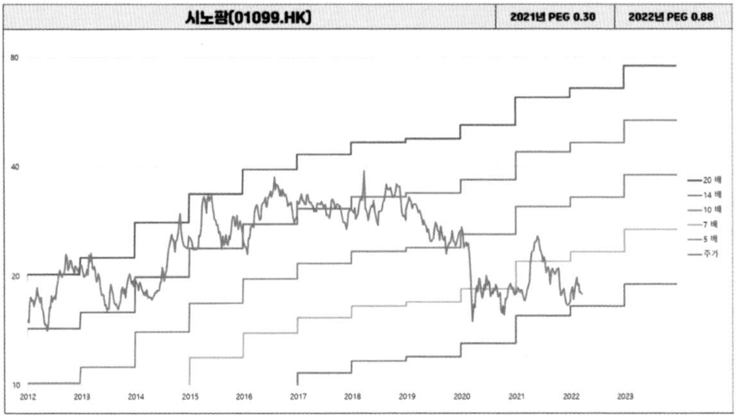

단위 : HKD

배당수익률은 7.07%로 증가할 전망이다.

동사의 높은 배당수익률과 매년 인상되는 배당금은 배당주 투자로 아주 이상적인 모습이다.

현재 주가의 밸류에이션 또한 매력적이다. 동사의 PER 밴드 차트를 보면, 매년 이익이 늘면서 우상향하는 것을 볼 수 있다. 반면 주가는 2018년부터 빠르게 하락하면서 PER 15~20배 수준에서 거래되던 주가는 현재 5.31배 수준까지 하락했다**PER 5.31배는 2022년 9월 1일 주가 17.48HKD를 2022년 주당순이익 3.29HKD로 나눈 것이다.**

이렇게 주가가 낮아진 이유는 앞서 언급한 중국 정부의 의약품 관련 정책의 영향이 가장 큰 것으로 판단된다. 하지만 이러한 정책이 경쟁력 있는 상위 기업에게는 장기적으로 호재로 작용할 것으로 예상한다.

시노팜의 이익과 배당금은 여전히 우상향 중이다. 하락한 것은 주가뿐이다. 필자는 매수하기 좋은 수준이라고 생각하며, 장기 투자하기에도 유망한 기업이라고 생각한다.

두 번째 기업은 상해제약이다. 동사는 2017년 11월, 카디널 헬스의 중국 사업을 5억 6천만 달러에 인수하여 중국에서 두 번째로 큰 의약품 유통 업체가 되었다. 카디널 헬스는 앞서 언급한 미국의 의약품 유통 3사 중 하나다. 동사도 시노팜과 마찬가지로 현재 주가 밸류에이션과 배당수익률이 매력적인 수준에서 거래되고 있다.

상해제약은 시노팜, 화룬제약과 달리 홍콩과 중국 본토 주식 시장에 동시 상장되어 있는 종목이다. 홍콩 상장 기준으로 설명하도록 하겠다. 2011년부터 매년 배당금을 인상해왔으며, 2022년 예상 배

상해제약 배당금 추이

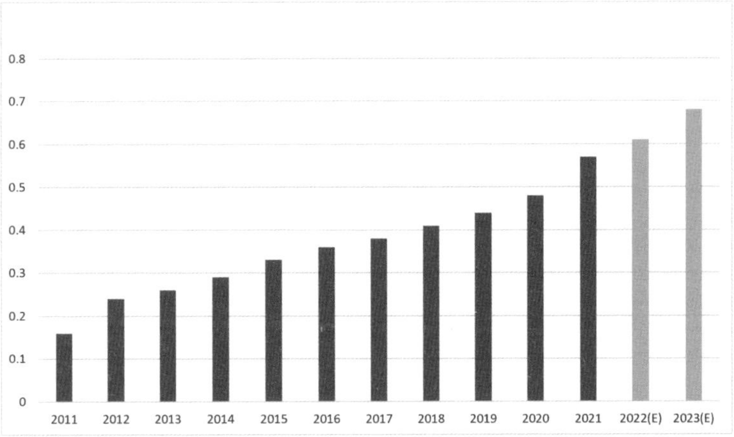

단위 : AKD

상해제약 PER 밴드 차트

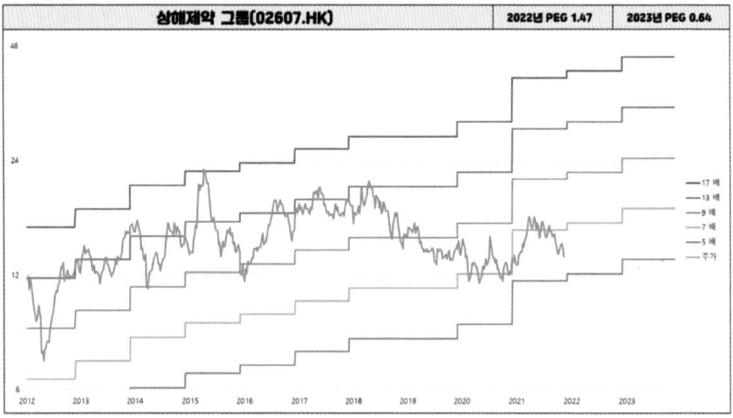

단위 : HKD

당금은 0.73HKD로 2022년 9월 1일 주가 17.50HKD를 반영하면, 2022년 예상 배당수익률은 4.17%다. 그리고 2023년 예상 배당금은 0.81HKD로 배당수익률은 4.63%가 된다.

동사의 배당 성향을 30% 수준으로 매년 이익의 $\frac{1}{3}$을 배당으로 지급하고 있다. 배당수익률이 시노팜보다 약간 낮지만, 배당주 투자로 충분히 매력적인 수준이다.

동사의 PER 밴드 차트를 보면, 시노팜과 마찬가지로 2018년 이후 주가가 하락한 것을 볼 수 있다. 2021년 이익이 큰 폭으로 증가하면서, 밸류에이션 매력이 더 높아졌다.

주가 11.3HKD를 반영한 2022년 9월 PER은 7.68배다. 보수적으로 적정 PER을 10배로 잡아도 현재 주가는 적지 않은 시세 차익까지 기

화룬제약 PER 밴드 차트

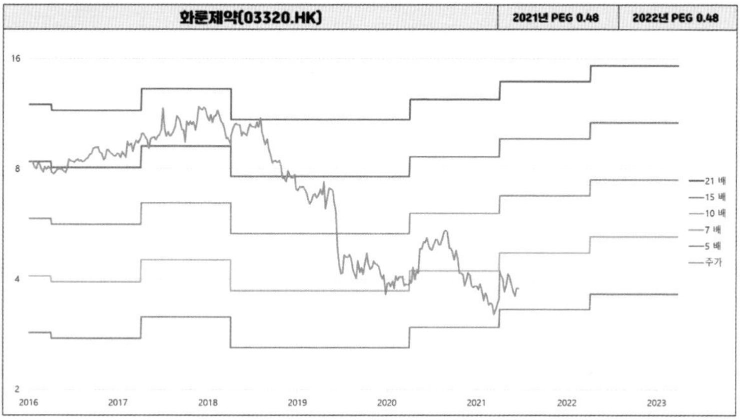

단위 : HKD

화룬제약 배당금 추이

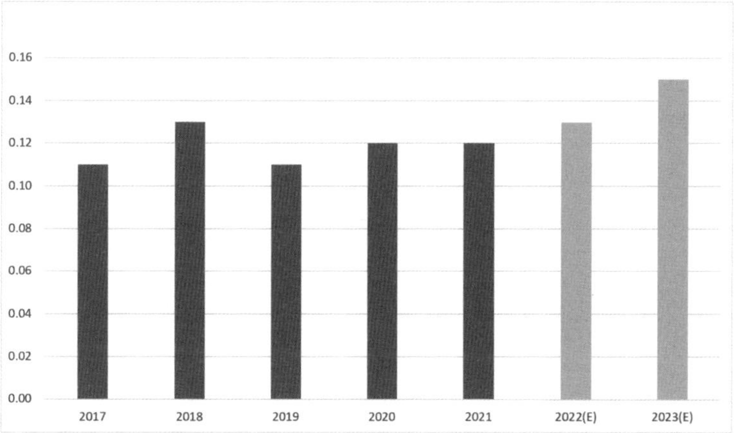

단위 : HKD

화룬제약 Development Milestones

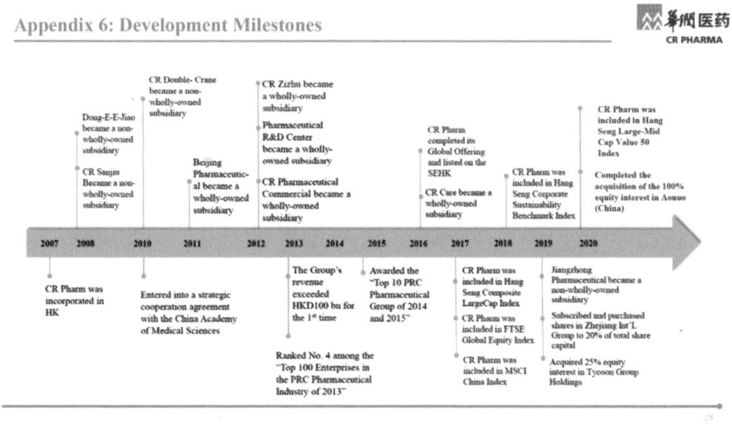

출처 : 화룬제약 IR 자료

대할 수 있는 밸류에이션이다.

마지막 세 번째 기업은 화룬제약이다. 동사는 '중국의 삼성'이라 불리는 화룬 그룹의 계열사다. 동사는 풍부한 자본력을 활용하여 유망한 제약 기업들의 지분을 늘려 가고 있다. 이러한 투자는 동사의 유통망 확대와 시너지를 발휘할 것으로 기대된다.

화룬제약은 중국에서 세 번째로 큰 의약품 유통 업체며, 가장 큰 의약품 제조 기업 중 하나다. 동사는 2016년 10월 28일에 홍콩거래소에 상장했다. 업계 애널리스트들의 낙관적인 전망과 달리 동사도 2018년 이후 참담한 주가의 하락을 맞이하게 된다.

시노팜, 상해제약과 사업 구성 비율을 놓고 비교했을 때 동사는 의약품 제조 및 판매 비중이 높은 편이라 정부 정책의 영향을 더 크게 받은 것으로 해석된다. 상장 이후 PER 15~20배에 거래되던 주가는 현재 5.73배까지 낮아졌으며, 이는 시노팜과 비슷한 밸류에이션이다.

중국 정부의 의약품 유통업 개혁에 따른 시장 충격은 장기적으로 볼 때 배당주 투자 관점에서 매수 기회로 삼으면 좋을 것 같다.

화룬제약의 배당금 추이를 보면, 앞에서 본 두 기업과 달리 배당금이 꾸준히 증가하지 않은 것을 볼 수 있다. 또한 시노팜과 상해제약의 배당 성향은 30%대인데, 화룬제약의 배당 성향은 20% 초반 수준으로 낮게 형성되어 있다.

동사의 2022년 예상 배당수익률은 2.34%다**2022년 9월 1일 주가 5.55HKD와 2022년 주당배당금 0.13HKD를 반영한 값이다.** 시노팜과 비슷한 PER에 거래되고 있지만, 배당 성향이 낮아서 배당수익률이 시노팜보다 낮은 것을 알 수 있다.

배당 성향이 낮다는 것은 다르게 말하면 사업 확장을 위한 투자에 더 큰 비중을 두고 있다고 볼 수 있다. 동사는 2007년 설립 이후 여러 기업의 일부 또는 전체 지분을 인수해왔다.

화룬제약이 시노팜과 상해제약 대비 배당 투자 매력은 상대적으로 떨어지지만, 동사의 사업 확장을 위한 투자는 장기적으로 유통 사업과 시너지를 발휘할 것으로 기대된다.

국내에 소개되고 있는 중국 제약주는 주로 신약 개발과 관련된 기업들이다. 이 기업들은 성장성은 높을 수 있지만, 밸류에이션이 워낙 높게 평가되고 있다 보니 그만큼 감수해야 할 리스크도 큰 편이다.

그에 반해 중국의 의약품 유통 3사는 이익이 안정적이고, 배당금도 안정

적으로 지급하고 있다. 게다가 밸류에이션이 낮아서 배당수익률이 아주 매력적이다. 그뿐만 아니라 미국의 의약품 유통 업체와 달리 중국의 의약품 유통 업체들은 많은 제약사와 약국 및 병원을 거느리고 있어서, 훨씬 투자 매력도가 높다고 생각한다. 앞서 살펴본 미국의 의약품 유통 3사인 아메리소스버겐, 카디널 헬스, 맥케슨보다 더 높은 주가 상승과 배당금 증가를 기대해본다.

중국 제약 업종 배당주 투자 관심 종목

종목명	종목코드	거래소	시가총액	PER	PBR	예상 배당수익률		
			(천억 원)	2022(E)	2022(E)	2022(E)	2022(E)	2024(E)
시노팜	01099.HK	홍콩	96.2	6.2배	0.7배	4.6%	4.7%	6.1%
상해제약	02607.HK	홍콩	18.2	6.2배	0.6배	5.1%	5.7%	6.3%
	601607.SH	상해	94.4	10.0배	1.0배	2.8%	3.2%	3.1%
화룬제약	03320.HK	홍콩	45.4	6.8배	0.5배	3.2%	3.5%	3.5%
광주백운산 제약	00874.HK	홍콩	7.3	7.3배	0.9배	4.0%	2.7%	4.2%
	600332.SH	상해	79.2	12.4배	1.5배	2.1%	1.1%	
복성제약	02196.HK	홍콩	28.5	14.4배	1.6배	2.0%	2.4%	2.7%
	600196.SH	상해	163.7	21.7배	2.6배	1.1%	1.4%	1.5%

※ 2022.05.25. 기준 주가를 반영한 밸류에이션

중국 보험 업종, 배당주 투자 아이디어

중국 보험주 투자는 선진국 대비 여전히 매력적이다. 국가별 보험 침투율을 보면 한눈에 투자의 기회를 알아볼 수 있다. 보험 침투율은 명목 GDP에서 총 보험료가 차지하는 비중을 의미한다. 보험 침투율이 낮으면 낮을수록 아직 보험에 가입하지 않은 인구가 많다는 뜻이다.

중국의 보험 침투율은 선진국 대비 현저히 낮은 수준이며, 전 세계 평균 대비해서도 많이 낮은 수준이다. 이는 여전히 많은 수요가 남아 있음을 의미하며, 향후 중국 보험주들의 빠른 성장을 기대할 수 있다. 과거 우리나라 보험 회사의 성장을 생각하면 이해가 쉽다.

거시적인 경제 환경 또한 보험주 투자에 매력적이다. 전 세계는 오랜 기간 저금리 기조를 유지하면서 시중에 많은 유동성이 풀려 있었고, 2020년 3월 이후 코로나19로 급격하게 나빠지는 경기를 부양하기 위해 더 많은 유동성을 시중에 공급했다. 그 여파로 2020년 1분기 미국

2020년 중국 보험 침투율

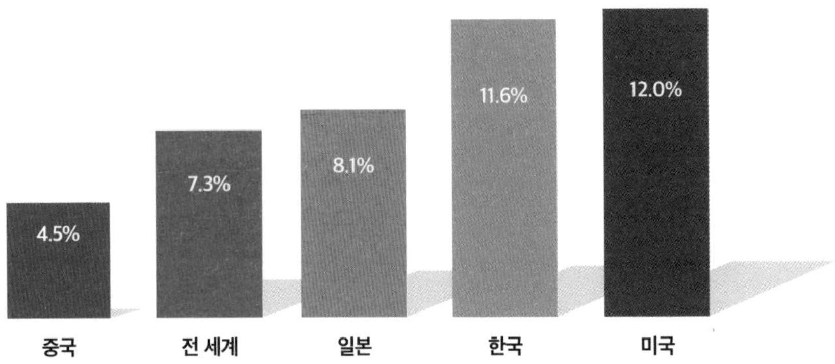

출처 : Statista

물가 지수는 40년 만에 최대 상승 폭을 기록했다.

금리가 상승하기 시작했고, 전문가들은 금리 인상 사이클이 지속될 것으로 전망하고 있다. 보험사의 자산운용 포트폴리오에서 채권이 차지하는 비중은 압도적으로 크다. 금리 인상기에 만기가 돌아오는 채권을 재투자할 때마다 수익률이 올라가기 때문에 금리 인상은 보험주에 호재로 작용한다.

중국 보험 업종의 시장점유율을 보면 생명보험은 1위 중국인수보험, 2위 중국평안보험, 3위 중국태평양보험 순이며, 상위 5개 기업의 시장점유율은 52.6%다.

손해보험은 1위 중국인민보험, 2위 중국평안보험, 3위 중국태평양보험 순이며, 상위 5개 기업의 시장점유율은 76%다. 생명보험 시장보다

중국 생명보험, 손해보험 시장점유율

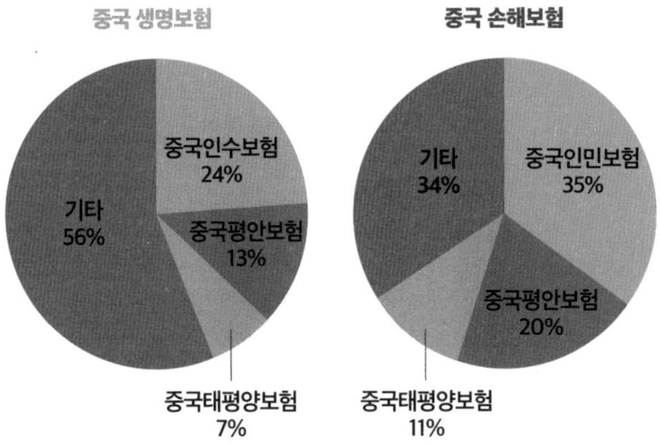

상위 기업의 집중도가 더 높은 것을 볼 수 있다.

시장점유율 상위 기업들의 특징을 보면 중국인수보험은 생명보험 1위, 중국인민보험은 손해보험 1위, 중국평안보험은 생명보험과 손해보험 각각 2위, 중국태평양보험은 각각 3위를 기록했다.

해당 기업들의 시장별 밸류에이션 및 예상 배당수익률을 살펴보자. 먼저 상장 관련 공통점과 차이점을 보면, 4개 기업 모두 홍콩거래소와 상해거래소에 동시 상장되어 있다는 것을 알 수 있다. 그리고 중국인수생명은 뉴욕거래소에도 상장되어 있으며, 중국인민보험은 중국손해보험이라는 자회사가 별도로 상장되어 있는 것을 알 수 있다.

같은 종목임에도 불구하고 홍콩거래소와 상해거래소에서 거래되는 가격이 다르다. 이에 대한 부분A/H프리미엄은 뒤에서 자세히 소개했다. 지

중국 보험 업종 배당주 투자 관심 종목

종목명	종목코드	거래소	시가총액	PER	PBR	예상 배당수익률		
			(천억 원)	2022(E)	2022(E)	2021(A)	2022(E)	2023(E)
중국 인수 생명	02628.HK	홍콩	138.9	4.5배	0.52배	5.6%	7.6%	8.3%
	601628.SH	상해	1,006.6	12.1배	1.35배	2.2%	3.0%	3.2%
	LFC.US	뉴욕	139.9	4.9배	0.60배	5.4%	7.4%	8.0%
중국 인민 보험	01339.HK	홍콩	33.7	3.7배	0.37배	7.6%	7.6%	8.6%
	601319.SH	상해	302.2	7.5배	0.79배	3.5%	3.6%	4.0%
중국 손해 보험	02328.HK	홍콩	266.2	5.3배	0.63배	6.5%	7.4%	8.2%
중국 평안 보험	02318.HK	홍콩	643.6	5.8배	0.89배	4.7%	5.5%	5.9%
	601318.SH	상해	985.0	6.3배	0.95배	4.7%	5.2%	5.6%
중국 태평양 보험	02601.HK	홍콩	85.0	5.1배	0.62배	8.2%	9.0%	10.4%
	601601.SH	상해	302.3	7.2배	0.88배	5.8%	6.3%	7.4%

※ 2022.03.25. 기준 주가를 반영한 밸류에이션

금은 홍콩거래소 상장 기준으로 설명하겠다.

투자자 관점에서 4개 기업의 특징을 간단하게 정리해봤다.

① **중국인수보험 : 생명보험에 집중된 기업으로 금리 상승의 가장 수혜를 많이 볼 것으로 예상된다**금리 상승은 일반적으로 손해보험보다 생명보험에 더 호재로 작용.

② **중국인민보험 : 손해보험에 집중된 기업으로 4개 기업 중 가장 저평가 됨**자회사가 분리되어 있는 영향도 있지만, 이를 고려해도 저평가 매력 충분.

③ **중국평안보험 : 생명보험, 손해보험 양 시장의 점유율이 높으며, 핀테**

크&헬스케어 투자를 가장 활발히 진행 중이다. 4개 기업 중 성장성이 가장 높음벨류에이션은 상대적으로 높지만 충분히 매력적인 수준.

④ 중국태평양보험 : 4개 기업 중 시장점유율은 가장 낮지만, 가장 높은 배당수익률이 예상됨.

네 종목 다 매우 우량한 기업이고, 시기적으로도 좋은 매수 시점이라고 판단된다. 필자가 추천하는 톱픽은 중국평안보험이다.

참고로 이 글을 쓰는 현재 필자는 중국인수생명, 중국인민보험, 중국평안보험 세 종목에 투자하고 있으며 투자 비중은 나열된 순서다. 비중의 차이는 크지 않으며 언제든 바뀔 수 있다. 그럼에도 불구하고 톱픽을 중국평안보험으로 선정한 이유는 이 책에서 주장하는 '안정적인 배당성장주'에 가장 부합하기 때문이다.

중국평안보험에 대해 살펴보자. 중국평안보험은 자본금 155조 원에 육박하는 중국의 최대 민영 금융 그룹이다. 보험업을 기반으로 자회사를 통해 은행, 증권, 신탁, 자산운용, 핀테크에 이르기까지 온·오프라인을 아우르는 종합 금융 기업이다.

동사의 2021년 영업이익 구성을 보면, 생명보험과 손해보험의 비중이 75.7%로 이익의 대부분을 차지하고 있다. 자산관리 및 테크 분야가 현재 이익 기여도는 낮지만, 성장성이 높은 사업 분야다.

동사는 다른 보험사들 대비 R&D에 많은 투자를 하고 있다. IT 기반의 산업 생태계 발전을 위해, 중국의 대표 인터넷 플랫폼 기업인 알리바바, 텐센트 못지않은 투자를 진행하고 있다. 동사의 막대한 투자는 핀테크와 헬스케어 부문에서 두각을 나타내고 있으며, 대표적으로 핀테크 기업인 루팍스LU.뉴욕거래소와 온라인 헬스케어 기업인 평안굿닥터 01833.HK가 있다.

동사는 2004년 상장 이후 현재까지 지속적인 성장을 이뤄 왔다. 상장 후 2020년까지 16년 동안 자본은 연평균 22.9%, 순이익은 연평균 23.4%, 배당금은 연평균 24.0%로 안정적인 고성장을 지속해왔다. 배당성장주 투자로 매력적인 흐름이지 않은가?

동사의 배당금 지급 추이를 보면, 2017년부터 급격하게 증가한 이후 지속해서 증가하고 있는 것을 볼 수 있다. 이는 배당 성향을 높였기 때문이다. 2015년까지는 배당 성향이 10% 후반 수준이었으나, 2017년

중국평안보험 IPO 이후 실적 추이

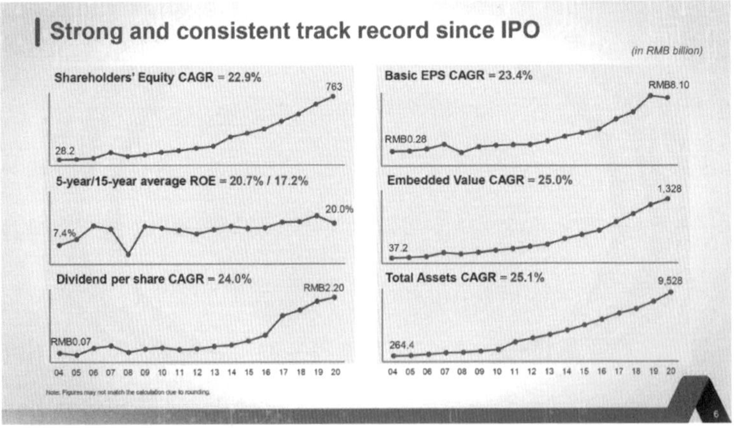

출처 : 중국평안보험 2020년 IR 자료

중국평안보험 배당금 추이 및 전망

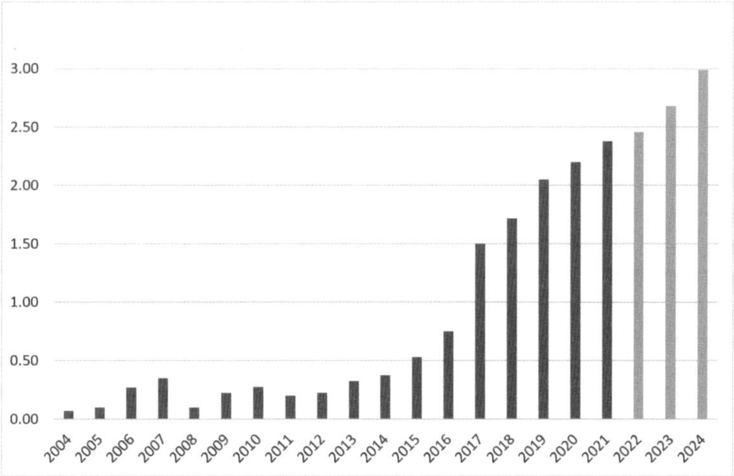

단위 : CNY

부터 20% 후반대의 배당 성향을 유지하고 있다. 2017년에는 전년 대비 이익도 증가했지만, 배당 성향을 7%22%→29% 높이면서 배당금은 전년 대비 두 배로 증가했다.

30~40%의 배당 성향은 배당성장주로서 이상적인 비율이다. 게다가 주가는 저평가 국면이라 5% 이상의 높은 배당수익률을 기대할 수 있다. **안정적인 배당성장주 투자로 중국의 보험 업종에서는 중국평안보험이 매력적인 투자처라고 생각한다.**

중국 통신 업종, 배당주 투자 아이디어

우리는 인터넷으로 연결된 세상에서 살고 있다. 사람들과 소통하고, 정보를 얻고, 게임을 하고, 동영상을 보고, 음악을 듣는 이 모든 것이 인터넷상에서 이뤄진다.

그런데 통신망이 갖춰지지 않은 곳에서는 인터넷을 할 수가 없다. 통신사들은 해당 국가 전역을 커버하기 위해 통신망 인프라에 투자하고 있다. 기술의 발전은 더 빠르고, 더 많은 용량의 데이터가 필요하다. 통신사들은 5G 네트워크 인프라를 구축하기 위해 많은 투자를 진행하고 있다.

한국의 통신 3사는 이러한 네트워크 인프라를 직접 구축하고 있지만, 미국에는 셀타워를 운영하며 통신사들에게 통신 장비를 설치할 수 있는 공간을 임대해주는 사업을 영위하는 기업들이 있다. 통신사는 초

미국 셀타워 시장점유율

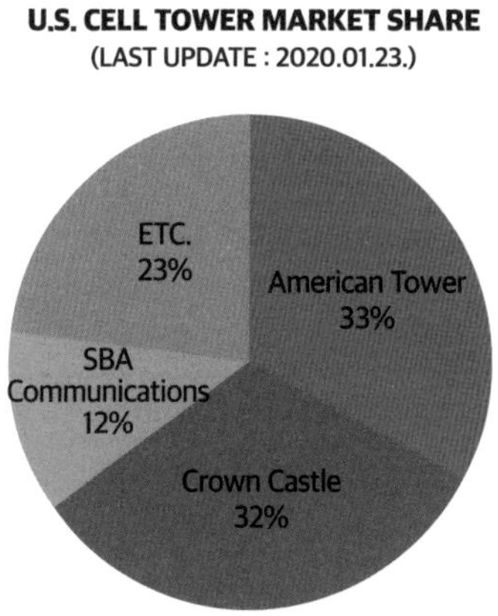

기 인프라 비용에 대한 부담을 줄일 수 있어서 좋고, 셀타워 업체는 통신사들로부터 오랜 기간 안정적으로 임대료를 받을 수 있어서 좋은 사업이다.

미국의 대표적인 셀타워 업체는 아메리칸타워AMT.US다. 미국 셀타워 시장은 상위 3개 기업의 점유율이 77.2%로 과점화가 형성되어 있으며, 아메리칸타워의 시장점유율은 32.8%로 미국 최대 셀타워 업체다.

앞서 살펴본 리얼티인컴처럼 아메리칸타워도 '리츠REITs'로 분류된다. **미국은 리츠로 분류되면 법인세를 내지 않지만, 이익의 90%를 배당금으로 지급해야 한다는 조건이 있다. 다시 말해 미국의 모든 리츠 기업들은 배당 성향이 90%를 넘는다.** 동사 역시 이익의 90% 이상을 매년 배당금으로 지급하고 있다.

아메리칸타워 이익과 배당금 추이

순위	2017	2018	2019	2020	2021
EPS	2.67	2.77	4.24	3.79	5.66
DPS	2.50	3.01	3.61	4.33	5.03
배당 성향	93.6%	108.7%	85.1%	114.2%	88.9%
배당수익률	1.75%	1.90%	1.57%	1.93%	1.72%

※ EPS(Earning Per Share) : 주당순이익, DPS(Dividend per share) : 주당배당금

사업이 안정적이고, 고배당을 지급하다 보니 주가는 고평가받을 수밖에 없다.

동사의 최근 5년간 밸류에이션을 보면 연 단위로 PER이 50배 밑으

아메리칸타워 배당금 & 배당수익률

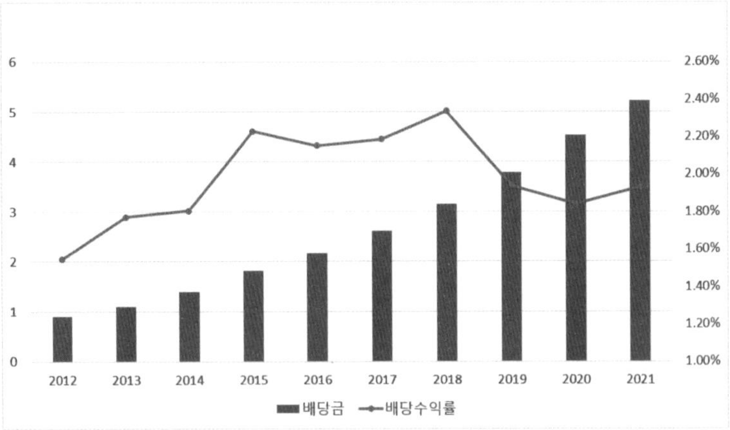

단위 : USD

로 하락한 적이 한 번도 없다. 비싸게 거래되다 보니 평균 배당 성향이 90%를 넘는데도 불구하고, 연 배당수익률은 최근 5년간 2%를 넘지 못했다. 배당금과 주가가 안정적으로 증가하니 주주들의 마음은 편안할 것 같다.

2005년부터 현재까지 주가 추이를 보면, 2008년 금융 위기 당시 -58%의 하락을 겪은 이후에 꾸준히 우상향을 이어 가고 있다**차트 설정 기간을 2000년 초 닷컴 버블 시기까지 늘리면, 동사의 참담한 주가 폭락을 볼 수 있다. 글로벌 위기에는 장사가 없는 것 같다.**

미국에 '아메리칸타워'가 있다면 중국에는 '차이나타워'가 있다. 차이나타워는 중국의 통신 3사가 인프라 투자에 막대한 비용이 들어가는 것을 효율적으로 줄이기 위해 공동으로 출자하여 2014년에 설립한 기

아메리칸타워 주가 추이

단위 : USD

차이나타워 지분 구조

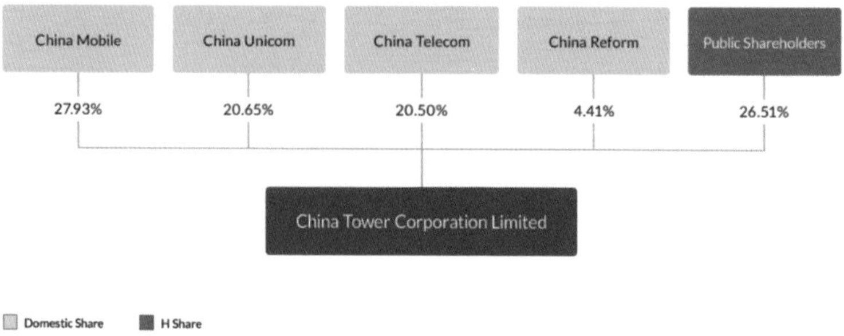

출처 : 차이나타워 IR 자료

업이다. 시장점유율이 무려 97%나 된다.

동사는 2018년 8월 8일 홍콩거래소에 상장했다. 당시 차이나타워의 IPOInitial Public Offering, 기업공개는 2018년 최대 규모였으며, 자금 조달 금액은 69억 달러에 달했다. 당시 환율1,120원을 적용하면, 7조 7,280억 원을 조달한 것이다.

상장 이후 주주 구성을 보면 중국의 통신 3사인 차이나모바일, 차이나유니콤, 차이나텔레콤이 각각 27.93%, 20.65%, 20.50%의 지분을 보유하고 있으며, 국유 기업인 China Reform이 4.41% 그리고 나머지 26.51%가 유통주식이다.

동사의 매출 구성은 아메리칸타워와 마찬가지로 대부분 셀타워 임대수익에서 발생한다.

셀타워 비즈니스는 인프라를 구축하고 나면 임차인이 늘어나도 추가적인 비용이 거의 발생하지 않기 때문에, 셀사이트당 임차인이 늘어

차이나타워 매출 구성

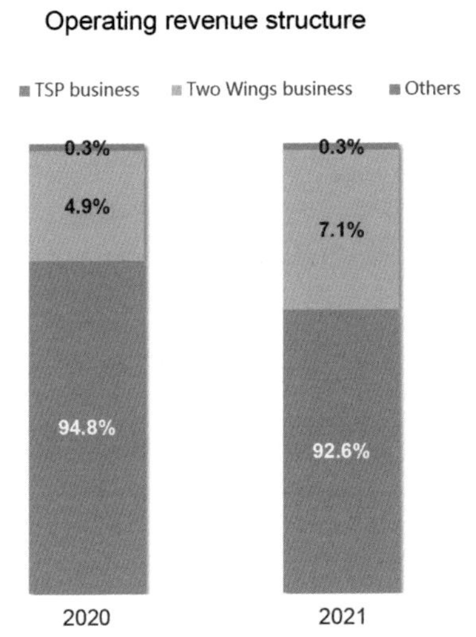

출처 : 차이나타워 IR 자료

날수록 수익성이 좋아진다.

아메리칸타워의 IR 자료를 보면, 임차인이 한 명일 때 투자수익률은 3%로 저조하다. 하지만 임차인이 두 명일 때는 13%, 세 명일 때는 24%로 수익률이 빠르게 증가하는 것을 볼 수 있다. 즉 사이트당 임차인 비율을 의미하는 Tenancy Ratio가 셀타워 업체의 대표적인 수익성 지표다.

참고로 미국의 1위 셀타워 업체인 아메리칸타워의 Tenancy Ratio는 2.6이며, 2위와 3위 업체의 비율은 각각 2.1이다. 차이나타워의 Tenancy Ratio는 상장한 2016년 1.4에서 꾸준히 증가하여 2021년에

아메리칸타워 임차인 증가에 따른 투자수익률 변화

U.S. New Macro Tower Build Economics Drive Strong ROI(1)

	One Tenant	Two Tenants(2)	Three Tenants(2)
Construction / Upgrade Costs ($ in USD)	$275,000	—	—
Tenant Revenue	$20,000	$50,000	$80,000
Operating Expenses (including ground rent, utility, monitor)	$12,000	$13,000	$14,000
Gross Margin	$8,000	$37,000	$66,000
Gross Margin (%)	40%	74%	83%
Gross Margin Conversion Rate (%)	–	97%	97%
Return on Investment (3)	3%	13%	24%

출처 : 차이나타워 IR 자료

는 1.7로 증가했다.

이후에도 꾸준히 임차인 비율은 증가할 전망이다. 이러한 확장 여력이 미국의 셀타워보다 중국의 셀타워 투자를 매력적으로 보는 이유 중 하나다.

또한 DAS**Distributed Antenna System** 부문도 빠르게 발전하고 있다. DAS는 일종의 통합형 광중계기로, 안테나를 공간적으로 분산시켜 일정 공간의 높은 트래픽 문제를 해결하는 데 사용하는 분산형 안테나 시스템을 의미한다. 2021년 기준 49.9억m^2의 건물을 커버하고 있으며, 8,007km의 지하철과 8,899km의 고속도로 터널을 커버하고 있다. DAS 부문의 2021년 매출은 전년 대비 23% 증가했다.

매출 구성에서 두 번째로 큰 비중을 차지하고 있는 'Two Wings business'는 스마트타워 부문**TSSAI**과 에너지 관련 부문을 의미한다. 스

차이나타워 Tenancy Ratio(%)

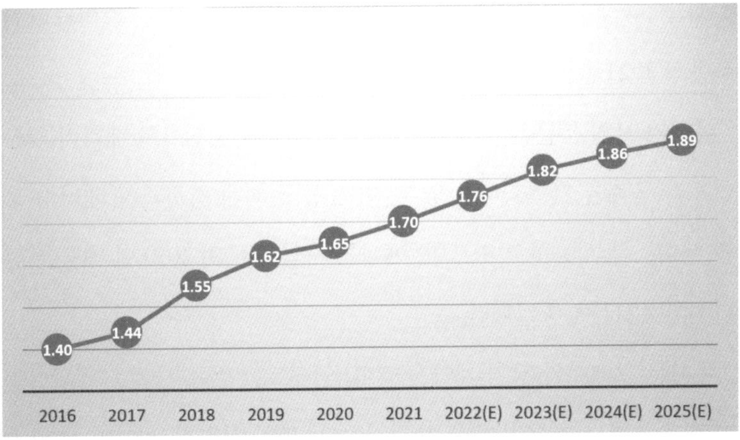

출처 : 차이나타워 IR 자료

차이나타워 DAS 커버 규모

출처 : 차이나타워 IR 자료

마트타워는 통신 외 목적의 사업을 진행하며 모니터링, 환경, 데이터 수집 등 다양한 분야에서 수요가 빠르게 증가하고 있다. 스마트타워 부문의 2021년 매출은 전년 대비 35.2% 증가했다.

에너지 사업 부문은 식품 배달 및 택배 시장을 중심으로 배터리 교환 인프라 구축을 가속화하고 있다. 현재 중국 최대 경전기차 배터리 교환 서비스를 제공하고 있으며, 에너지 사업 부문의 2021년 매출은 전년 대비 121.5% 증가했다.

동사는 고객사와 장기 계약을 맺고, 임대료를 받는 사업을 영위하는 기업이라 현금 흐름이 매우 안정적이다. 또한 상장한 2018년에는 배

차이나타워 배당금 & 배당 성향

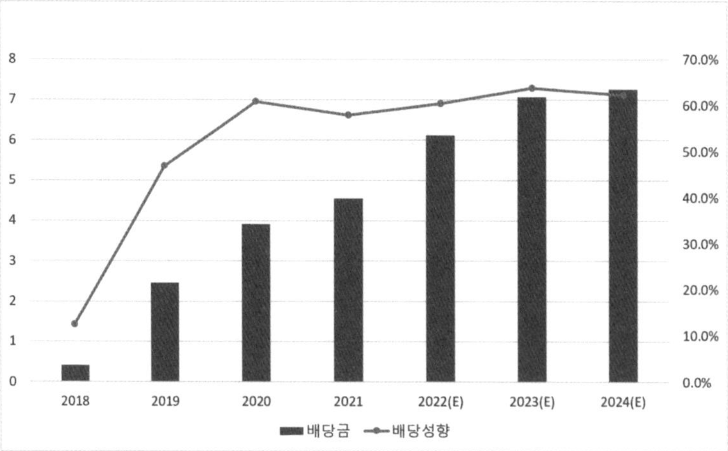

※ 주당 배당금 단위가 낮아서 원화환산 금액 사용

단위 : KRW

당 성향이 12.4%로 낮았지만, 2019년에는 47.1%, 2020년에는 65%로 증가했다. 향후 동사는 60%대의 배당 성향을 유지하며, 주주들에게 안정적으로 배당금을 지급할 것으로 예상된다.

동사의 2022(E) PER은 13.2배, PBR은 0.64배다. 단순 비교는 어렵지만, 아메리칸타워와 비교하면 매우 낮은 밸류에이션이다. 2022년 예상 배당수익률은 4.57%, 2023년 예상 배당수익률은 5.29%, 2024년 예상 배당수익률은 5.43%다. 사업의 안정성과 이 정도 배당수익률이면 충분히 매력적인 투자라고 생각한다**2022년 9월 1일 주가 반영.**

주가 흐름을 보면, 2018년 상장 이후 8개월 만에 주가는 85% 상승

차이나타워 주가 추이

단위 : HKD

했다. 2019년 4월에 고점을 찍고 하락하기 시작했다. 2019년 하반기 몇몇 증권사에서 동사를 추천하는 보고서가 발간되었다.

이후 통신사들의 5G 투자 둔화, 코로나19, 러시아발 악재, 홍콩 증시의 전반적인 하락세 등으로 2년여 기간 동안 동사의 주가는 50% 이상 하락했다. 하락하는 2년 동안 보고서는 발간되지 않았다.

좋은 기업을 좋은 가격에 살 수 있는 기회라고 생각하는데, 국내 투자자들은 정보가 부족하여 종종 좋은 기회를 잡지 못하게 되는 것 같아서 아쉬운 마음이 크다.

차이나타워 같이 대규모 설비를 보유하고 있어서 감가상각비가 높은 기업들의 밸류에이션을 평가할 때, 주로 EV/EBITDA를 활용한다.

EVEnterprise Value**는 '시가총액'에 '순부채'를 더한 것으로 해당 기업을 부채까지 고려하여 통째로 인수할 때 필요한 금액을 의미한다.**

EBITDAEarnings Before Interest, Taxes, Depreciation and Amortization**는 이자, 법인세, 감가상각 비용을 반영하기 전 영업이익을 의미한다.**

EV/EBITDA는 기업의 가치가 영업이익의 몇 배에 거래되는지 알아보는 평가 지표다. 예를 들어 EV/EBITDA가 5배인 기업을 통째로 인수하면, 5년간의 영업이익으로 투자금을 회수할 수 있다는 의미다. PER, PBR과 마찬가지로 낮을수록 저평가되었다고 해석하는 지표다.

BML캐피털사의 브래드 레너드 이런 말을 했다.

"EV/EBITDA 1~2배에서 매수하면 더 할 건 없다. 그저 그 기업이

중국 통신 업종 배당주 투자 관심 종목

종목명	종목코드	거래소	시가총액	PER	PBR	예상 배당수익률		
			(천억 원)	2022(E)	2022(E)	2021(A)	2023(E)	2024(E)
차이나타워	00788.HK	홍콩	260.6	15.3배	0.7배	3.9%	4.4%	4.9%
차이나모바일	00941.HK	홍콩	1,679.3	7.4배	0.7배	8.2%	9.2%	9.9%
차이나유니콤	00762.HK	홍콩	184.7	6.1배	0.3배	7.9%	9.2%	10.0%
	600050.SH	상해	204.1	14.0배	0.6배	4.0%	4.7%	5.3%
차이나텔레콤	00728.HK	홍콩	67.0	8.1배	0.5배	7.8%	9.2%	10.2%
	601728.SH	상해	567.2	12.1배	0.8배	5.2%	6.4%	7.0%

※ 2022.05.25. 기준 주가를 반영한 밸류에이션

생존하기만 하면 언젠가는 이긴다. 분석도, 가정도 필요 없다."

EV/EBITDA 2배가 얼마나 저평가된 것인지 잘 표현하는 글이다. 2022년 9월 1일 현재 차이나타워의 EV/EBITDA는 2.76배다. 3배가 채 되지 않는다. 차이나타워를 통째로 인수하면, 투자한 돈을 버는 데 3년이 걸리지 않는다는 의미다.

사업의 성장성과 안정성 그리고 밸류에이션까지 고려했을 때, 아메리칸 타워와 차이나타워 중 어느 종목이 더 투자하고 싶은 종목인가?

중국 소비 업종, 배당주 투자 아이디어

노후 대비를 위한 배당주 투자에서 가장 중요한 것은 사업의 안정성과 배당금 지급의 지속성이다.

사람들이 매일 먹고, 마시고, 사용하는 필수소비재 기업들은 경기에 민감하지 않고 전반적으로 사업이 안정적이다. PART 1에서 보았듯이 미국 배당 왕 종목 중 필수소비재 업종에 해당하는 기업들이 30%로, 가장 큰 비중을 차지하고 있다.

중국 주식 시장은 역사가 길지 않아서 배당 왕 기준을 충족하는 종목이 없지만, 먼 훗날 배당 왕 리스트가 만들어진다면 필수소비재 기업들이 큰 비중을 차지할 거라고 예상한다.

중국의 14억 명이 넘는 인구가 매일 먹고, 마시는 필수소비재 기업들을 살펴보자. 중국과 홍콩거래소에 상장되어 있는 필수소비재 종목을 시가총액 순서대로 나열하면 상위 기업들은 대부분 백주, 조미료, 유제품, 맥주, 돈육 관련 기업들이다.

각 분야에서 시장점유율이 높고, 사업이 안정적인 기업을 두 종목씩 선정해봤다. 10종목 중 양돈 관련 두 종목을 제외한 나머지는 밸류에이션이 전반적으로 높게 형성이 되어 있다. 기술주들의 밸류에이션과 비교하면 PER 20~30배가 그렇게 높은 수준은 아니라고 생각할 수 있다. 하지만 앞서 소개한 제약주, 보험주, 통신주들과 비교하면 밸류에이션이 높게 느껴질 수 있다.

중국 소비재 업종 배당주 투자 관심 종목

분야	종목코드	코드명	거래소	시가총액	PER	PBR	예상 배당수익률		
				(천억 원)	2022(E)	2022(E)	2021(A)	2022(E)	2023(E)
백주	귀주모태주	600519.SH	상해	3,987	33.9배	9.3배	1.3%	1.5%	1.8%
	오량액	000858.SZ	심천	1,122	21.1배	5배	2.0%	2.4%	2.8%
조미료	해천미업	603288.SH	상해	692	46.2배	12.7배	0.7%	1.1%	1.3%
	중거하이테크	600872.SH	상해	41	28.0배	3.9배	1.3%	1.5%	1.8%
유제품	이리실업	600887.SH	상해	441	21.3배	5.2배	2.6%	3.1%	3.6%
	멍뉴우유	02319.HK	홍콩	266	22.1배	3.3배	1.0%	1.4%	1.7%
맥주	화룬맥주	00291.HK	홍콩	231	28.7배	4.6배	1.5%	1.4%	1.8%
	청도맥주	600600.SH	상해	106	31.5배	4.3배	1.1%	1.3%	1.5%
		00168.HK	홍콩	60	20.4배	2.7배	1.8%	2.0%	2.1%
양돈	쌍회개발	000895.SZ	심천	177	14.5배	3.8배	4.8%	6.0%	5.4%
	만주국제	00288.HK	홍콩	109	6.1배	0.8배	5.6%	7.4%	8.6%

※ 2022.03.28. 기준 주가를 반영한 밸류에이션

배당 성향이 40~70% 수준이어도 PER이 높다 보니, 배당수익률은 대부분 1%대이고 3%를 잘 넘지 못한다. 심지어 중국의 최대 조미료 업체인 해천미업은 배당 성향이 50%가 넘지만, 비싸게 거래되다 보니 배당수익률은 1%도 되지 않는다.

소비주 상위 기업들의 수익성, 안정성, 배당 성향 등을 보면 안정적인 배당주로 이보다 좋을 수 없다. 그런데 문제는 비싸게 거래된다는 것이다. 너도나도 투자하고 싶은 좋은 종목이 시장에서 높은 밸류에이션에 거래되는 것은 당연하다.

현재 기준으로 10종목 중에서 딱 한 종목만 꼽으라면, 필자는 '오량액'을 선택할 것이다. 오량액은 중국 대표 프리미엄 백주 브랜드다. 쌀,

오량액 실적 추이

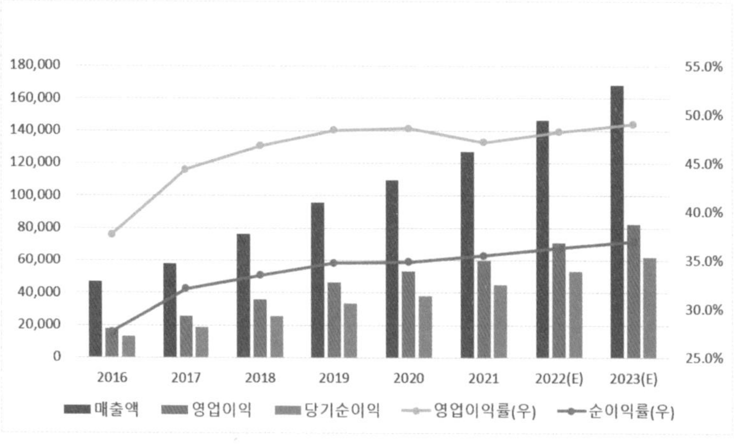

단위 : CNY

오량액 배당금 & 배당수익률

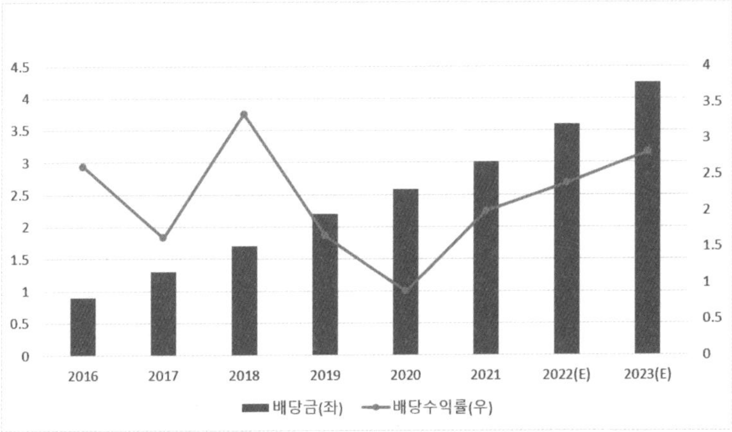

배당금 : CNY, 배당수익률 : %

찹쌀, 수수, 옥수수, 밀 다섯 곡물로 빚은 술이라는 뜻에서 '오량'이라는 이름이 붙여졌으며, 귀주모태주에 이어 중국 2위 백주 기업이다. 동사의 매출 대부분은 프리미엄 제품에서 발생한다. 중국의 소득 수준이 높아지면서 프리미엄 백주에 대한 수요는 지속해서 증가할 전망이다.

동사의 실적 추이를 보면, 안정적으로 꾸준히 증가하고 있는 것을 볼 수 있다. 영업이익률은 40% 후반대를 유지하고 있으며, 순이익률은 30% 중반대를 유지하고 있다. 브랜드 파워가 강하다 보니 수익성이 매우 좋다.

동사는 매년 순이익의 50%를 배당금으로 지급하고 있으며, 최근 5년 동안 연평균 27%씩 배당금이 증가해왔다. 2022년 9월 1일 종가 기준 2022년 예상이익에 대한 배당수익률은 1.90%다.

배당수익률이 높은 편은 아니지만, 배당금이 증가하는 속도를 고려하면 꽤 괜찮은 밸류에이션에 거래되고 있다고 생각한다.

동사의 PER 밴드 차트를 보면, 2015년에는 PER 10배대에서 가격이 형성되어 있었다. 6년 동안 주가는 가파르게 상승하며 2021년 2월에는 PER이 56배까지 상승했다. 주식 투자가 어려운 이유는 주가가 올라서 밸류에이션이 높을 때는 더 오를 것 같아서 사고 싶고, 막상 주가가 많이 하락해서 투자하기 좋은 시기가 오면 공포심에 쉽게 매수하지 못하기 때문이다.

동사의 2022년 9월 1일 주가는 최고점 대비 64%나 하락했으며,

오량액 PER 밴드 차트

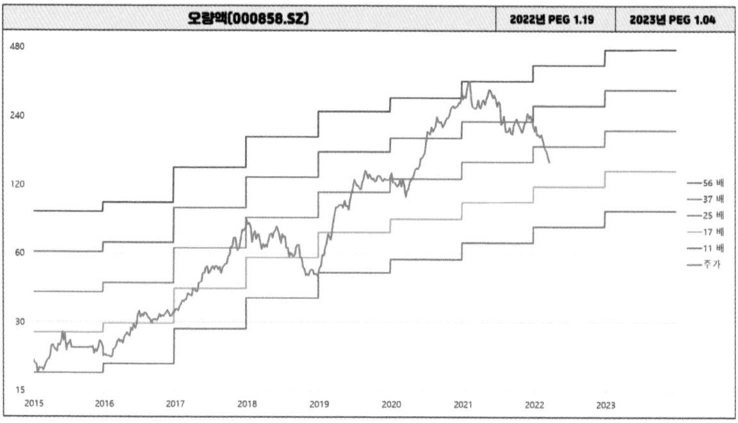

단위 : CNY

PER은 24.6배로 낮아졌다. 오량액 투자에 대해 종합적으로 검토해보았을 때, 24배의 밸류에이션은 충분히 매력적이라고 생각한다. 또한 **배당금이 빠르게 증가할 것으로 예상하기 때문에, 노후 대비를 위한 장기 투자 관점에서도 매력적이라고 생각한다.**

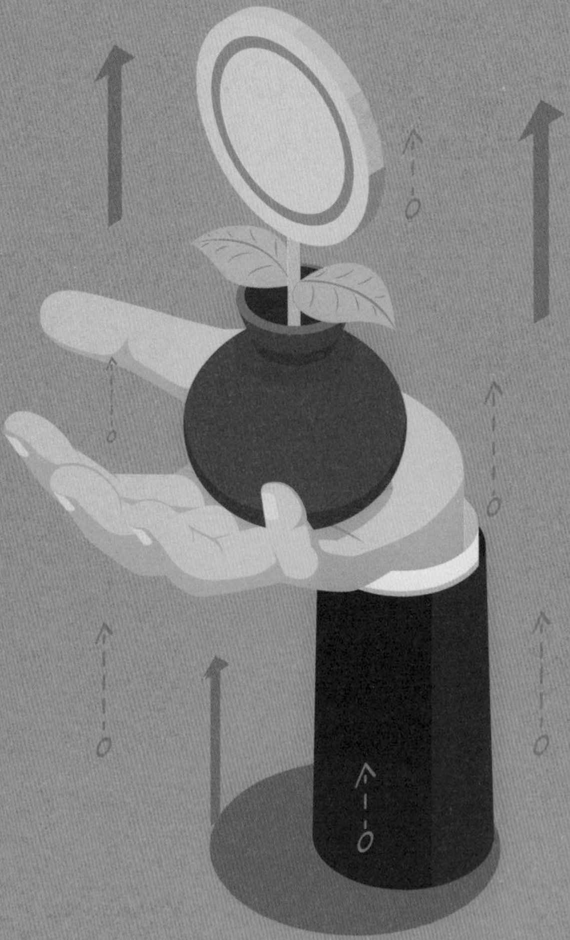

· PART 03 ·

"중국 도시가스주, 배당주 투자로 정말 매력적입니다!"

이웃집 백만장자에게 얻은 투자 아이디어, '중국 도시가스주'

최 이사님은 필자의 지인 중 투자로 가장 많은 부를 이루신 분이다. 필자의 생각으로 《이웃집 백만장자》라는 책에서 말하는 '이웃집 백만장자는 어떤 사람인가?'에 꼭 들어맞는 분이다.

2016년 H증권사에서 PB로 근무할 당시 동료 부장님께서 지인 중에 중국 주식 투자를 크게 하시는 분이 있는데 소개해주고 싶다고 하여, 그때 처음 최 이사님을 만나게 되었다.

당시 필자는 배당주에 전혀 관심이 없었다. 오로지 성장주였다. 높은 밸류에이션을 감안해도 충분히 투자할 가치가 있는 고성장주 위주로 종목을 분석할 때였다. 그래서 이사님의 말씀이 그때 당시에는 크게 와 닿지 않았다. 하지만 수년간 이사님과 소통하면서 이사님의 투자 철학과 투자 원칙을 하나씩 마음에 새기게 되었다.

현재 최 이사님은 투자자로서 닮고 싶은 필자의 롤 모델이다. 이사님은 진정한 글로벌 투자자다. 미국, 유럽, 중국, 브라질, 베트남, 한국 등 전 세계의 매력적인 기업에 투자한다. 필자가 만나본 많은 투자자 중 최고의 투자자라고 생각하는 최 이사님의 톱픽 중 하나가 바로 '중국 도시가스주'다.

그래서 중국 도시가스주에 대해 깊숙이 파헤쳐보기로 마음먹었다. 분석을 시작하면서 가장 아쉬웠던 부분은 한글로 된 국내 자료가 거의 없다는 점이었다. 국내 증권사들의 해외 주식 거래 플랫폼은 많이 발전했지만, 해외 주식을 분석하는 연구 인력은 아직도 여전히 부족한 상태다. 그래서 거래가 가능한 국가들의 대표 종목만 커버하고 있는 것이 현실이다.

중국 도시가스주에 대해 일회성 겉핥기식으로 소개된 자료는 있지만, 도시가스주를 제대로 커버하는 국내 증권사는 한 곳도 없다. 그래서 외국계 증권사에서 발행하는 영문보고서와 중문보고서, 그리고 관련 기업들의 몇 년 치 사업보고서를 들여다보며 사업을 이해하고 흐름을 파악하기 위해 노력했다.

현재 필자의 포트폴리오에서 가장 큰 비중을 차지하는 종목이 중국 도시가스주다. PART 1에서 언급했듯이 미국 도시가스주들이 '고배당주'라면, 중국 도시가스주들은 '배당성장주'다. 고배당주와 배당성장주를 놓고 선택할 때, 당장 배당수익률이 높은 투자를 원한다면 고배당주를, 배당수익률은 조금 낮지만 빠른 성장을 기대한다면 배당성장주를 선택할 것이다.

그런데 **중국 도시가스주들은 과도하게 저평가되어 있어서 성장성도 높고, 배당수익률도 높다.** 미래가 어떻게 될지 100% 확신할 수는 없지만, 아마도 필자는 노후까지 오래오래 중국 도시가스주에 투자하면서 매년 빠르게 증가하는 배당금으로 여유로운 삶을 살아갈 것이다.

최 이사님이 아니었다면 중국 도시가스주 투자에 대해 깊이 생각해보지 않았을 것이다. 인생 최고의 기회 중 하나가 바로 중국 도시가스주 투자가 아닌가 생각한다. 그래서 늘 이사님께 감사한 마음을 가지고 있다.

독자 분들도 이 책을 통해 중국 도시가스주 투자에 대해 진지하게 고민해보는 시간이 되었으면 좋겠다. 이제 PART 3의 본론인 '중국 도시가스주 투자의 매력'을 뒷받침하는 근거에 대해 알아보자.

천연가스는 화석연료지만, 친환경적이다

변화에 빠르게 대응하지 못하여 쇠락한 대표적인 기업이 '노키아'다. 노키아는 피처폰의 절대 강자였지만, 피처폰이 스마트폰으로 바뀌는 패러다임 변화에 빠르게 대응하지 못하여 쇠락의 길을 걷게 되었다.

마찬가지로 코닥필름도 필름카메라에서 디지털카메라로 빠르게 변화하는 패러다임의 변화에 대응하지 못하여 쇠락의 길을 걷게 된 기업이다. 기술 발전과 급변하는 경영 환경 속에서 필름 기업의 몰락은 불가피했다고 볼 수도 있다. 하지만 함께 과점 체제를 형성했던 후지필름은 필름 사업 구조조정을 통해 화장품, 제약, 디스플레이 재료 사업에 진출하며 제2의 전성기를 구가했다.

투자자도 변화에 민감해야 된다. 어떠한 분야에서 큰 변화가 일어나고 있다면, 변화의 수혜를 보는 기업에 투자해야지 피해를 보는 기업에 투자하면 참담한 결과를 초래하게 될 수 있다.

에너지 분야에서도 패러다임의 변화가 진행 중이다. '탄소중립'은 전 세계적으로 장기간에 걸쳐 진행되고 있는 에너지 패러다임 변화의 핵심이다.

※ 탄소중립이란?

개인, 회사, 단체 등에서 배출한 이산화탄소를 다시 흡수해 실질적인 배출량을 0 Zero**으로 만드는 것을 말한다. 배출되는 탄소와 흡수되는 탄소량을 같게 해 탄소 '순배출이 0'이 되게 하는 것으로, '넷-제로**Net-Zero**'라고도 부른다. 온실가스를 흡수하기 위해서는 배출한 이산화탄소의 양을 계산하고 탄소의 양만큼 나무를 심거나, 풍력·태양광발전과 같은 청정에너지 분야에 투자해 오염을 상쇄한다.**

탄소중립은 2016년 발효된 파리협정 이후 121개 국가가 '2050 탄소중립 목표 기후동맹'에 가입하는 등 전 세계의 화두가 됐다. '2050 장기저탄소 발전전략LEDS**'의 UN 제출 시한이 2020년 말로 다가옴에 따라 주요국의 탄소중립 선언이 가속화되었다.**

실제로 2019년 12월 유럽 연합을 시작으로 중국2020년 9월 22일**, 일본**2020년 10월 26일**, 한국**2020년 10월 28일 **등의 탄소중립 선언이 이어진 바 있다.**

출처 : 네이버 지식백과

필자는 에너지 패러다임 변화의 가장 큰 수혜를 보게 될 산업은 '태양광 산업'이라고 생각한다. 다음 차트는 에너지원별 전력 발전량을

2050년까지 전망치를 나타낸 자료다. 총 전력 발전량이 엄청나게 빠른 속도로 증가할 것을 예상할 수 있다.

그런데 모든 발전원의 발전량이 증가하는 것은 아니다. 차트의 가장 아래에 위치한 석탄의 전력 발전량은 향후 빠르게 줄어들 전망이다. 자료에 따르면 2035년쯤 되면 태양광발전과 풍력발전이 가장 많은 전력을 생산하는 에너지원이 될 전망이다.

향후 30년간 이 두 산업에서 엄청난 성장이 생겨날 것이고, 신재생에너지 분야에서 '애플' 또는 '삼성' 같은 기업이 탄생하게 될 수도 있다.

현재 태양광 산업의 경쟁력 있는 기업들을 분석해보면 중국 본토에 상장되어 있는 '융기실리콘자재LONGi Green Energy Technology'가 압도적인 1위며, 태양광 산업의 공룡 기업으로 성장할 것으로 예상된다.

태양광 산업 톱티어Top-Tier에 대한 투자가 매력적이지만, 투자에 있

에너지원별 글로벌 전기 생산량 추이

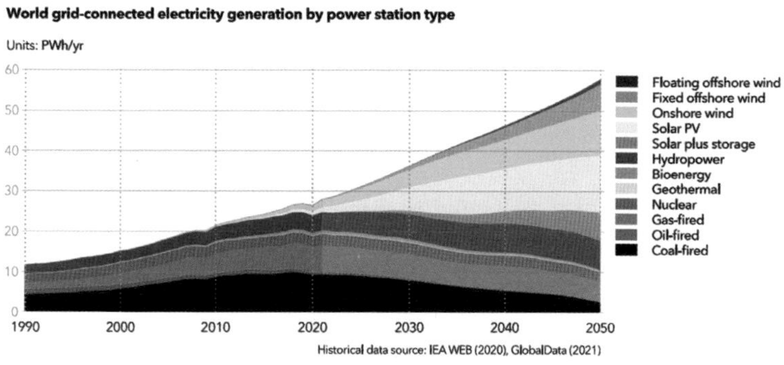

출처 : DNV(ENERGY TRANSITION OUTLOOK 2021)

어서 리스크도 존재한다. 우선 성장성이 높은 만큼 기업의 밸류에이션도 높게 형성되어 있다. 그리고 성장 산업이다 보니 경쟁도 치열하다. 최근 몇 년의 흐름을 돌아보면 매년 기업들의 순위가 수시로 바뀌어 왔음을 알 수 있다.

알다시피 글로벌 태양광 산업은 중국이 주도하고 있다. 톱티어 기업들은 대부분 중국 기업이다. 대세 상승의 가능성은 높지만, 단기적으로는 정부 정책에 따른 악재나 미중 분쟁에 따른 악재도 태양광 기업에 투자하면 염두에 둬야 할 것이다.

화석연료에서 신재생에너지로의 에너지 패러다임 변화는 확실해 보인다. 장기적으로 신재생에너지 산업이 성장하고 총 전력 발전량에서 차지하는 비중이 빠르게 늘어날 것이다. 하지만 현재 글로벌 전력 생산의 60% 이상을 차지하고 있는 화석연료의 비중을 단기간에 커버하기는 힘들다.

이러한 에너지 패러다임 변화의 과도기에 중간 다리Bridge 역할을 해줄 에너지원이 바로 '천연가스'다. 다음 차트를 보면 석탄발전은 빠르게 줄어들지만, 가스발전은 견고하게 유지가 될 것으로 전망하고 있다. 천연가스는 환경오염을 최소화하면서 오랜 기간 중요한 에너지원으로 자리매김할 전망이다.

전력발전을 포함한 최종 에너지 소비의 구성을 보면, 천연가스는 더욱 매력적인 에너지원임을 알 수 있다. 전 세계 최종 에너지 소비 내 에너지원별 비중 추이를 보면 가장 빠르게 증가하는 에너지원은 신재생에너지고, 뒤를 이어 꾸준히 비중이 증가하는 에너지원이 천연가스다. 화

전 세계 최종 에너지 소비 내 에너지원별 비중 추이

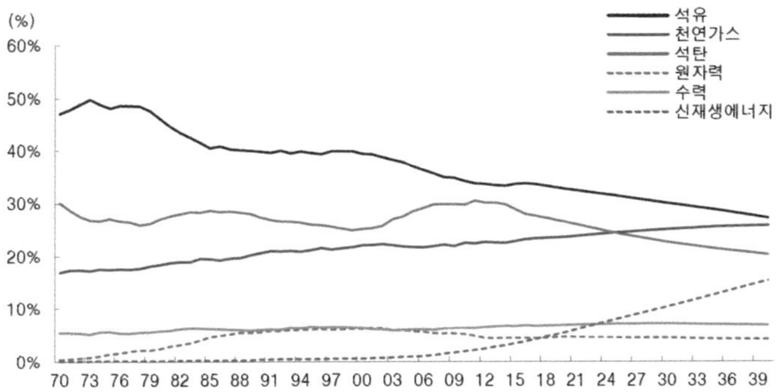

자료: BP, 대신증권 Research&Strategy 본부

석연료 중에서 유일하게 비중이 늘어나고 있는 에너지원이다.

천연가스는 화석연료임에도 불구하고 석탄과 석유에 비해 친환경적이며, 연료로써 우수하며, 안정적이다. 정제된 천연가스는 다른 화석연료 대비 황 성분을 거의 함유하지 않고 있다.

또한 연소 시 CO2 및 질소 산화물의 발생이 적은 청정에너지원이다. 하여 많은 국가가 온실가스 감축 목표 달성을 위해 천연가스의 역할에 대한 기대가 증대되고 있으며, 수요 또한 확대하고 있다.

천연가스는 발열량이 높은 메탄CH4이 주성분이어서 연료로써 우수한 에너지원이다. 그리고 발화 온도가 높아 폭발 위험이 적고, 사고 가능성이 높은 원전에 비해 훨씬 안전한 에너지원이다.

또한 미국의 셰일 혁명 이후 생산 비용 하락과 공급 증가로 신재생에너지보다 가격 경쟁력도 높아졌다. 채굴 및 운송 기술의 발전으로 수송에 대한 제약이 완화되었으며, 채굴 기술의 혁신으로 셰일가스 등 비전통 가스 개발이 이뤄지면서 공급 물량이 확대되고 있다.

화석연료 내에서 가장 친환경적이고, 원전보다 안정적이며, 신재생에너지보다 가격 경쟁력이 높은 에너지원이 천연가스다.

글로벌 천연가스 소비는 계속 증가할 전망이다

2,000년대 초 '향후 30~40년 안에 석유가 고갈될 수 있다'는 주장이 팽배했다. 그런데 20년이 지난 지금은 200년 이상 충분히 사용할 수 있는 석유 자원이 매장되어 있다는 전망이 주를 이루고 있다. 전망치가 크게 상향된 이유는 바로 '셰일 혁명' 때문이다.

전 세계 셰일가스 매장량은 전체 천연가스 매장량의 80% 정도로 추정된다. 어마어마한 양이다. 심지어 90% 이상이라고 추정하는 지질학자들도 있다.

하지만 아무리 많은 양의 자원이 매장되어 있어도 기술이나 비용적인 문제로 채굴이 제한된다면 아무 의미가 없다. 미국에서 채굴을 위한 수평시추 및 수압파쇄 기술을 개발하면서, '그림의 떡'이었던 셰일층의 셰일원유와 셰일가스를 채굴할 수 있게 되었다.

미국의 천연가스 생산 추이

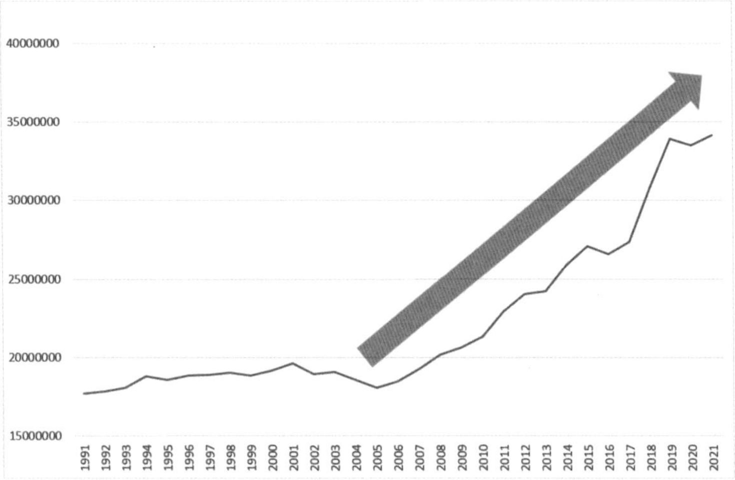

단위 : Million Cubic Feet,
출처 : EIA(U.S. Energy Information Administration)

미국은 2005년부터 본격적으로 셰일가스를 생산하기 시작했다. 미국 천연가스 생산량 추이를 보면, 2005년부터 생산량이 급격하게 증가하고 있음을 알 수 있다. 증가량의 대부분이 셰일가스다.

미국의 셰일 혁명은 천연가스의 공급 과잉을 불러왔으며, 이는 석유 시장에 큰 변화를 가져왔다.

셰일가스 채굴이 본격화되기 전에는 원유와 천연가스의 가격은 일정 비율 내에서 연동되어 움직였다. 기본적으로 두 에너지원은 열효율이 비슷하고, 당시 가스 생산의 대부분이 석유 유전에서 같이 나오는 수반가스Associated gas의 형태를 띠고 있었기 때문이다.

원유의 단위는 배럴bbl이고, 천연가스의 단위는 MMbtu를 사용하는데 단위 환산 비율은 6~7 수준에서 연동되어 왔다. 즉 천연가스 가격에 6.5를 곱해주면 원유 가격이 된다는 의미다. 예를 들어 2005년 천연가스의 평균 가격은 8.8달러/MMbtu였다. 여기에 6.5를 곱해주면 57.2달러/bbl인데, 그해 미국의 원유 가격인 WTIWest Texas Intermediate, 서부텍사스유의 평균 가격인 56.6달러/bbl과 거의 비슷한 수준임을 알 수 있다.

다음 차트는 원유와 천연가스의 가격 추이를 비교한 것이다. 셰일가스 채굴이 본격화된 2005년 이후 원유와 천연가스 가격 간의 디커플링이 발생한 것을 볼 수 있다.

2022년 3월 21일 WTI 가격은 109달러/bbl이다. 천연가스와의

원유와 천연가스 가격 비교 차트

단위 : USD

가격 비율이 6.5로 유지됐다면 적정 천연가스 가격은 16.77달러/MMbtu가 되어야 한다. 그런데 같은 시간에 헨리허브 기준 천연가스의 가격은 4.78달러/mmbtu다. 16.77달러/mmbtu의 30%도 안 되는 가격이나. **이 말의 의미는 원유를 사용하여 발생하는 열효율과 동일한 수준의 열효율을 천연가스를 사용하면 비용이 30%밖에 들지 않는다는 것이다.**

미국에서는 2005년 이후 원유의 소비는 빠르게 줄어들고 있고, 천연가스의 소비는 빠르게 증가하고 있다. 화석연료 중 가장 친환경적인 천연가스는 셰일 혁명으로 풍부한 매장량과 매력적인 가격 경쟁력까지 갖추게 되었다.

미국의 헨리허브**천연가스 선물 계약 인도 장소, 루이애나주 아래쪽에 위치해 미국 내 총 9개 주 113**

전 세계 총 에너지 소비에서 천연가스가 차지하는 비중

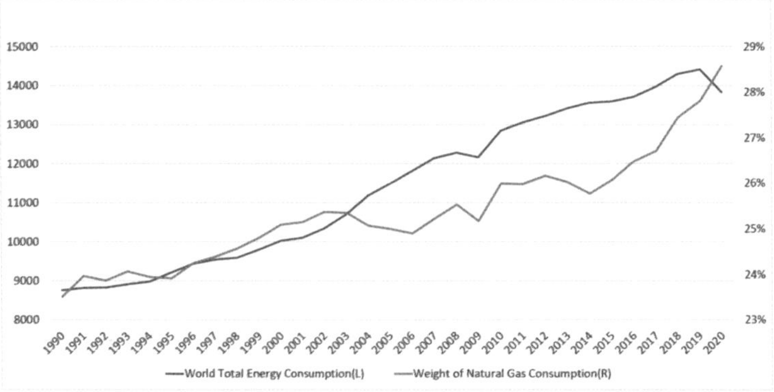

단위 : Mtoe, 출처 : Enerdata

개의 파이프라인이 연결된 곳이다 천연가스 가격은 셰일가스의 공급 과잉으로 유가와의 가격 상관성이 많이 낮아졌다.

하지만 아시아와 유럽의 천연가스 가격은 유가연동제 계약에 묶여 있는 물량이 많기 때문에 유가와 가격 상관성이 높다. 수입에 의존하는 우리나라에 다행인 것은 생산량이 늘어난 미국의 천연가스가 수출되기 시작하면서, 저렴한 미국의 천연가스 가격이 글로벌 천연가스 가격을 전반적으로 끌어내리고 있다는 것이다.

전 세계에서 소비하는 총 에너지 중 천연가스가 차지하는 비중은 꾸준히 증가하는 추세다. 글로벌 천연가스의 소비량은 발전 분야에서는 석탄을 대체하고, 운송 분야에서는 원유를 대체하며 빠르게 늘어날 전망이다.

중국 천연가스 소비는 빠르게 증가할 전망이다

"중국은 2030년을 기점으로 탄소 배출량을 감소세로 전환하고, 2060년까지 탄소중립을 달성하겠다."

2020년 9월 22일 뉴욕 UN 본부에서 열린 제75차 UN 총회의 화상 연설에서 시진핑 주석이 발언한 내용이다. 시 주석의 발언은 세계에서 가장 탄소 배출이 심각한 나라인 중국이, 기후 변화에 더 많은 책임을 지겠다는 태도를 시사한다고 블룸버그는 설명했다.

2020년 중국의 탄소 배출량은 9,717Mt이다. 이는 전 세계 탄소 배출량 31,066Mt의 31.3%에 해당하는 배출량이다. 탄소를 가장 많이 배출한 국가를 순서로 나열하면 중국, 미국, 인도, 러시아, 일본, 독일, 대한민국 순으로 이어진다.

중국의 탄소 배출량9,717Mt은 미국, 인도, 러시아, 일본의 탄소 배출량을

시진핑 주석

출처 : XINHUA

모두 합친 양9,194Mt보다도 훨씬 많은 수준이다.

각국 정부는 탄소 배출량을 줄이기 위해 탄소 배출이 많은 에너지원의 사용은 줄이고, 친환경에너지의 사용을 늘리면서 탄소중립을 이루기 위한 노력을 멈추지 않을 것이다.

2020년 국가별 총 에너지 소비 내역을 보면, 이 또한 중국이 3,381Mtoe로 압도적인 1위다. 전 세계 총 에너지 소비량 13,508Mtoe의 25%에 달하는 소비량이다. 2020년 전 세계 에너지의 $\frac{1}{4}$을 중국이 소비한 것이다.

1차 에너지 소비 구성을 보면 석유 제품, 천연가스, 전력, 석탄, 바이오매스 등으로 나뉜다. 전 세계 에너지 소비 구성을 보면, 석유제품

국가별 탄소 배출량

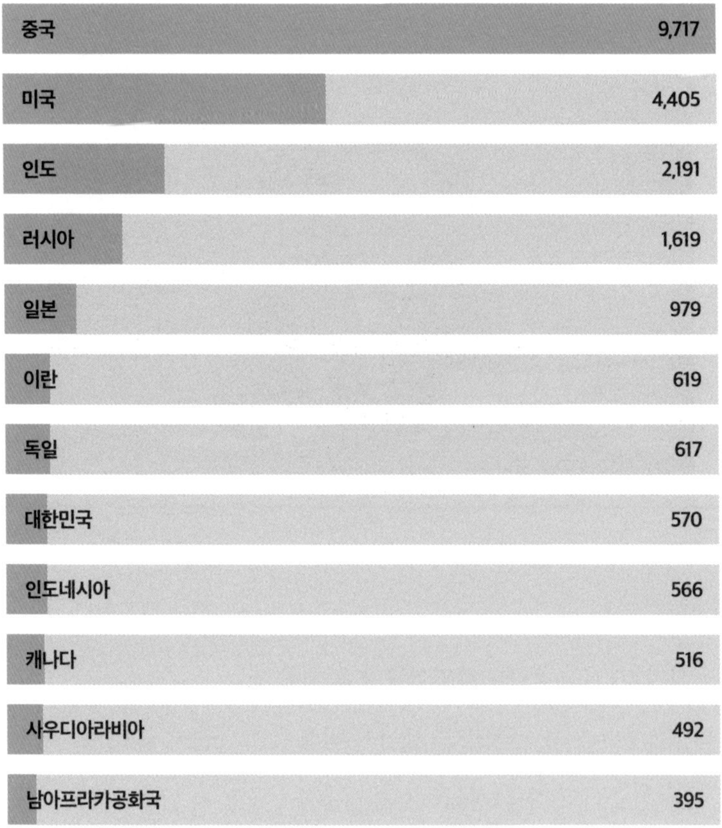

출처 : Enerdata, 단위 : MtCO2

30%, 석탄 26%, 천연가스 24%, 전력 10%, 바이오매스 10% 순서로 비중을 차지하고 있다.

산유국에서는 천연가스의 비중이 높게 나타난 반면에, 중국과 인도 등 신흥국에서는 석탄의 비중이 높게 나타나는 것을 볼 수 있다.

국가별 총 에너지 소비 현황

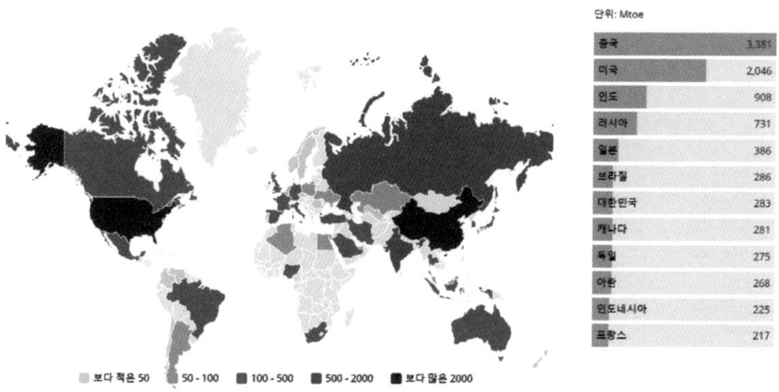

출처 : Enerdata

국가별 1차 에너지 소비 구성

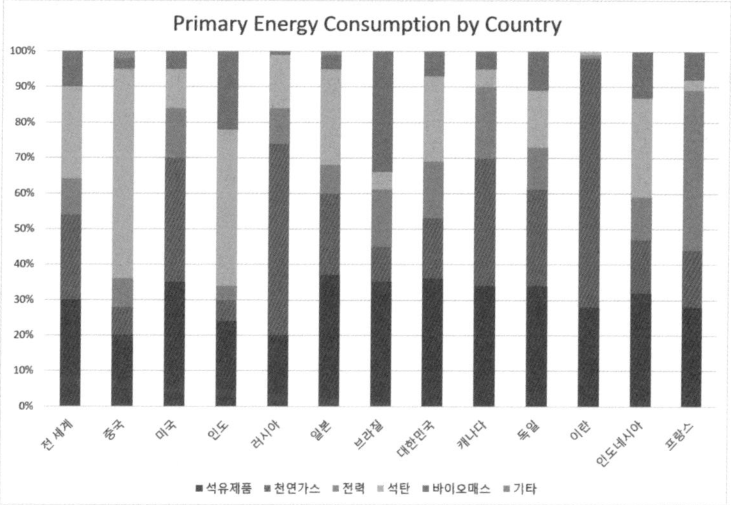

출처 : Enerdata

2020년 중국의 1차 에너지 소비 구성

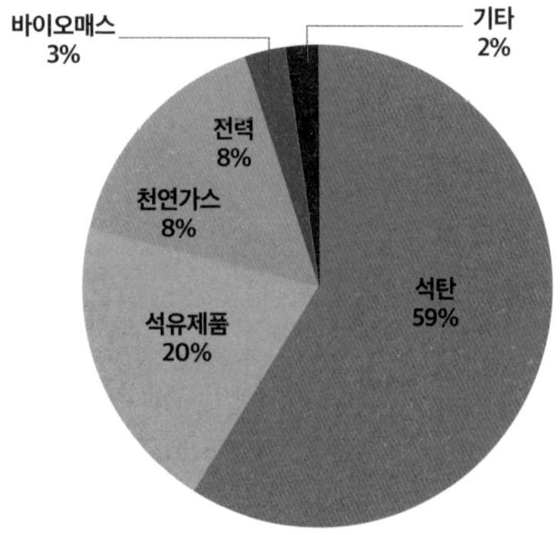

이제 중국의 에너지 소비 구성을 자세히 들여다보자. 2020년 중국의 1차 에너지 소비 구성에서 가장 눈에 띄는 것은 과도한 석탄의 비중이다. 또 하나 눈에 띄는 것은 천연가스 비중이 8%로 글로벌 평균인 24%의 $\frac{1}{3}$에 불과하다는 것이다.

에너지 소비 구성을 보면 중국 정부의 나아갈 방향이 뚜렷하게 보인다. 바로 석탄을 천연가스로 대체하는 것이다. 신재생에너지만으로 2060년 탄소중립을 달성하는 것은 극히 어려울 것으로 예상되며, 석탄의 소비를 줄이기 위해서는 천연가스의 소비 확대가 절대적으로 중요해 보인다.

중국의 천연가스 소비는 지난 20년간 평균 14.1%씩 꾸준히 증가해왔으

중국의 천연가스 소비, 생산, 수입량 추이

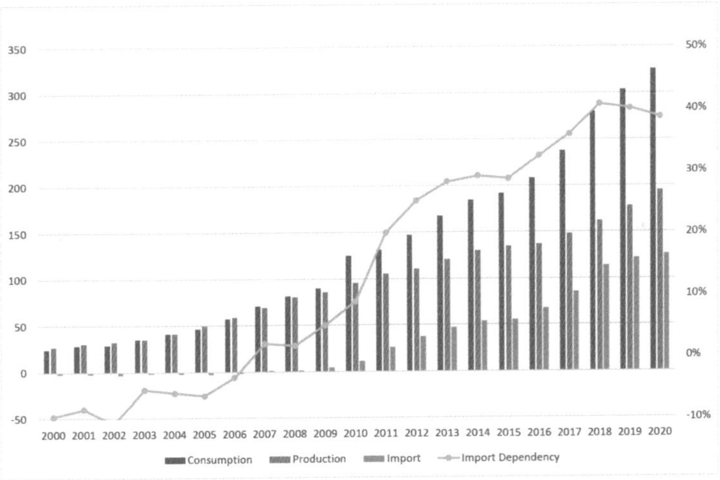

단위 : bcm

며, 향후 장기적으로 이러한 증가 추세는 지속될 것으로 예상된다. 전문가들은 중국의 가스 수요가 2040년까지 빠르게 증가하다가 이후에 정체될 것으로 전망한다.

중국의 1차 에너지 소비에서 천연가스가 차지하는 비중은 2000년 2.2%에서 2021년 10%로 증가했다. 중국 정부의 천연가스 소비 로드맵을 보면 2020년에 10% 달성을 목표로 했지만, 코로나19의 영향인지는 모르겠으나 2020년에는 9.6%에 그쳤으며 2021년에 10%**372.6bcm**를 달성했다.

그리고 2030년에는 비중을 15%까지 확대할 계획이다. 2030년이 되면 중국의 천연가스 소비량은 500bcm을 넘어설 전망이다.

중국 1차 에너지에서 천연가스가 차지하는 비중

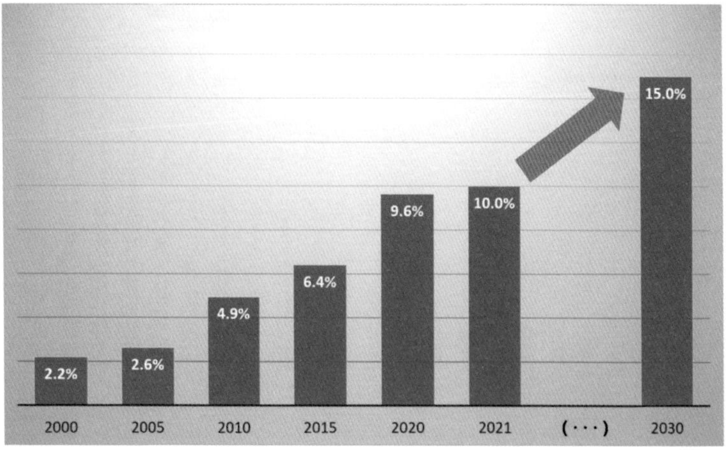

중국의 천연가스 소비는 빠르게 증가하고 있으며, 천연가스 수요가 중국 내 생산보다 더 빠르게 증가하여 수입에 대한 의존도가 점점 증가하고 있다. 이러한 수요 증가에 대응하기 위해 중국 정부는 가스 채굴 활성화 및 수입 확대를 위한 인프라 건설에 많은 투자를 진행하고 있다.

이에 대한 자세한 이야기는 PART 4에서 이어 가도록 하겠다.

중국 '도시가스 3.0시대'에 들어서다

중국의 과거 20년 도시가스 발전의 역사를 돌아보면, 크게 두 단계로 나눌 수 있다. 지금은 세 번째 단계City gas 3.0 era에 들어섰다.

① **도시가스 1.0단계2000~2015년다.** 이 기간 중국은 천연가스의 시장 공급을 위한 인프라West-East Gas Pipeline I, II, III 등를 구축하고, 수입을 위한 파이프라인 및 LNG터미널 건설에 막대한 투자를 단행했다.

인프라 증가로 인해 천연가스 공급이 크게 증가했으며, 도시가스 기업들은 프로젝트 사업권을 입찰 및 M&A를 통해 획득하며 빠르게 사업을 확장했다.

② **도시가스 2.0단계2016~2020년다.** 중국의 제13차 5개년에 해당하는 기간이다. 이 기간 도시가스 기업들은 신규 주거 및 상업용, 산업용 시장 확장에 중점을 뒀다. 그리고 2017년부터 중국 정부의 '석탄의

가스 전환Coal to Gas' 정책을 시행하면서 가스 소비량은 두 자릿수 성장을 이어 갔다.

③ 도시가스 3.0단계2021~2025년다. 높은 질적 성장의 단계다. 도시가스 유통 인프라가 시장에 개방되고, 정부의 가격 통제도 점점 완화될 전망이다. 정부의 이러한 정책으로 도시가스 유통 시장의 경쟁이 심화되면서, 질적 성장과 함께 부가 가치 사업의 성장이 동시에 이뤄질 것으로 기대된다.

2019년 12월 9일 중국 정부는 '국가석유가스관망공사이하 파이프차이나'를 정식 설립했다. 동사는 중국의 3대 석유 메이저 기업인 PetroChina, SINOPEC, CNOOC가 간선 파이프라인과 가스 저장소 및 터미널 등 자산에서 가스 수송 기능과 판매 기능을 분리하여 설립된 기업이다.

중국 천연가스 소비 및 증가율 추이

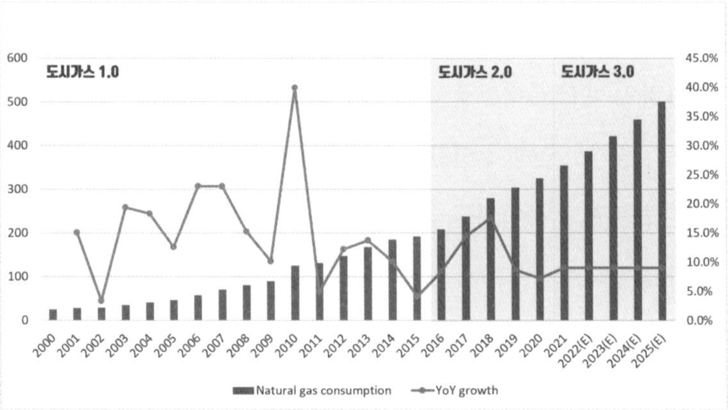

단위 : bcm

파이프차이나 지분 구조

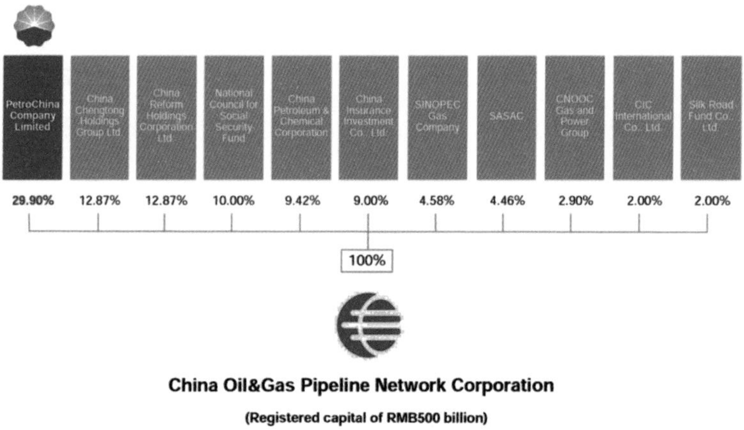

출처 : PetroChina

동사의 주요 업무는 가스 수송, 간선 파이프라인과 저장 설비 건설 및 운영, 전국 파이프라인 통합 등이다. 그리고 동사의 수입원은 가스 수송료고, 주식 상장으로 민간자본 유치를 확대할 계획을 갖고 있다.

주식 시장에 상장하게 되면 필자는 관심을 두게 될 것 같다. 가스 수송 과점에 따른 사업 안정성이 매력 있어 보인다. 파이프차이나의 설립은 석유와 가스 산업의 성장에 큰 영향을 미칠 것이다.

동사에 천연가스 수송을 위탁할 수 있게 됨에 따라, 상하류 부문에 진출하는 기업들이 대폭 늘어날 것으로 예상되기 때문이다. 파이프차이나의 설립과 관련하여 매우 흥미로운 이야기가 있는데, PART 4에서 다루도록 하겠다.

도시가스는 사업 초기에 막대한 설비 투자비가 소요되기 때문에 불필요한 경쟁과 중복 투자를 방지하기 위해 정부가 일정한 지역에서의 독점 사업권을 인정하고 있다. 우리나라는 현재 도시가스 기업 34개 사가 지역별로 사업권을 획득하여 사업을 영위하고 있으며, 2021년 기준 전국 도시가스 보급률은 94%에 달한다.

독점 사업으로 사업이 안정적이라는 장점이 있지만, 도시가스 보급

국내 도시가스 회사 현황(34개 사)

출처 : 한국도시가스협회

중국 도시화율과 도시가스 보급률

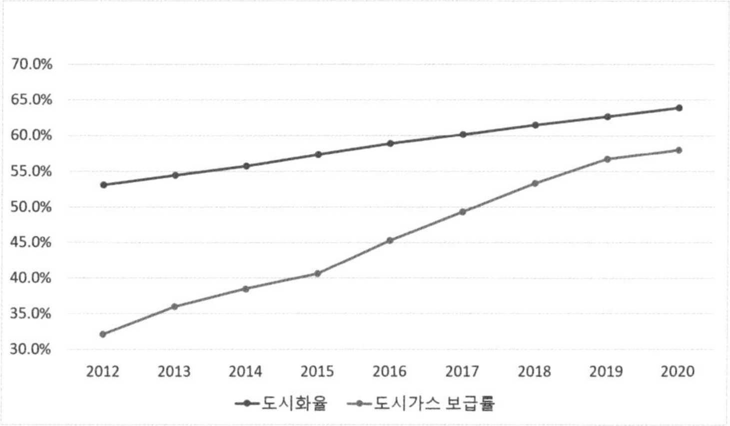

이 어느 정도 성숙 단계에 오면 사업 확장을 할 수 없다는 단점도 있다.

도시가스 보급률은 도시화율과 함께 증가한다. 중국의 도시화율은 2021년 기준 65%에 도달했다. 향후 도시화율은 매년 1%씩 증가할 전망이며, 중국 도시가스 기업들의 성장에 대한 잠재력은 여전히 매력적이다.

천연가스 산업 밸류체인에 대해 알아보자

2018년 중국은 세계 최대 천연가스 수입국이 되었다. 한국의 천연가스 수입량은 오랜 기간 정체되어 있고, 일본은 오히려 감소하는 추세다.

반면 중국의 천연가스 수입량은 2007년부터 순수입으로 돌아서면서 빠르게 증가했다. 2014년에는 한국의 수입량을 뛰어넘었으며, **2018년에는 세계에서 천연가스를 가장 많이 수입하던 일본을 뛰어넘으면서 세계 최대 수입국으로 부상했다.**

중국의 2020년 천연가스 순수입량은 126bcm이다. 이중 LNG가 차지하는 비율은 72%로 파이프라인을 통한 수입보다 훨씬 많다.

천연가스 수입에는 두 가지 경로가 있다. 파이프라인을 통해 수송하는 PNG Pipeline Natural Gas 방식과 천연가스를 액화시켜 배로 운송하는 LNG Liquefied Natural Gas 방식이다.

한중일 천연가스 무역수지

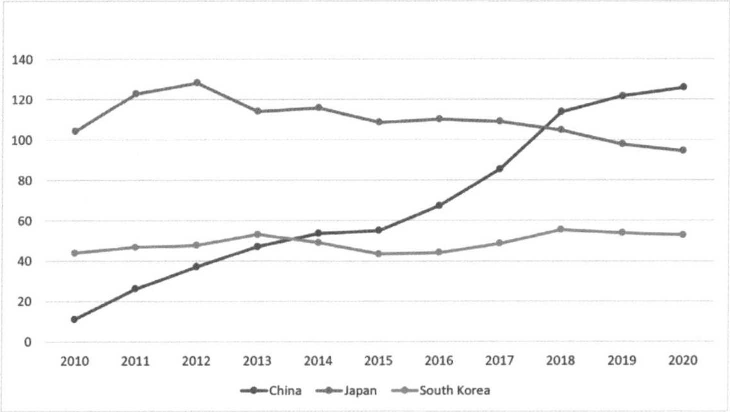

단위 : bcm

PNG는 생성된 천연가스를 액화하거나 압축하지 않고, 가스 상태에서 직접 배관을 통해 공급하는 방식이다. 가스 배관을 위한 초기 투자가 필요하지만 배를 통해 실어 오는 LNG보다 30~70% 비용이 저렴하다는 장점이 있다.

LNG는 천연가스를 −162℃ 이하에서 액화시켜서 LNG선을 통해 운반되며, LNG터미널에서 액화된 천연가스를 다시 가스화gasification하여 간선 파이프라인으로 흘려보내게 된다.

비용적인 측면에서 LNG보다 PNG가 유리하지만, 한국이나 일본처럼 지리적으로 PNG 수입이 불가능한 국가들은 LNG 수입에 의존할 수밖에 없다. 산유국에 접해 있어서 PNG 수입이 가능한 국가들도 에너지 안보를 위해 PNG와 LNG 수입을 병행하고 있다.

중국 천연가스 무역수지 및 LNG 비율

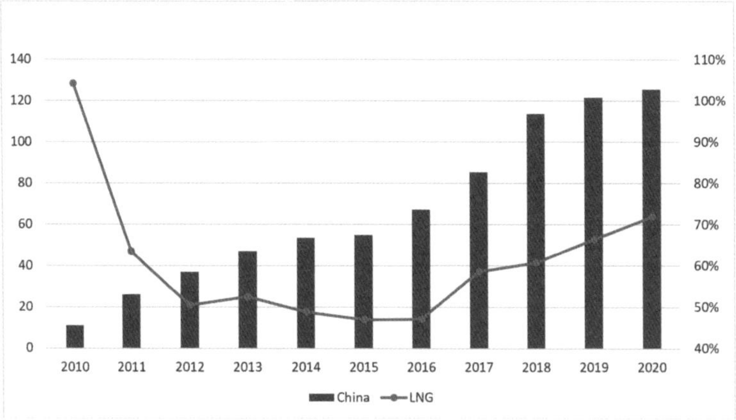

단위 : bcm

천연가스 밸류체인은 크게 업스트림수입 및 채굴**, 미들스트림**파이프라인 수송**, 다운스트림**소매 유통 **세 단계로 구분한다.** 천연가스 수입과 가스전을 탐사, 채굴하여 생산하는 단계는 천연가스 밸류체인 중 업스트림에 해당한다.

중국의 대표 석유 기업인 PetroChina, SINOPEC, CNOOC가 여기에 해당한다. 그리고 앞에서 소개한 파이프차이나는 석유 3사의 파이프라인 자산을 분리하여 설립된 대표적인 미들스트림 기업이다. 최종적으로 천연가스를 가정용, 상업용, 산업용 소비자에게 소매로 유통하는 도시가스 기업들이 다운스트림에 해당한다.

업스트림에 해당하는 에너지 기업들은 석유, 가스 가격 변동에 기업가치가 민감하게 반응하는 대표적인 경기민감주다. 미들스트림에 해

천연가스 산업 밸류체인

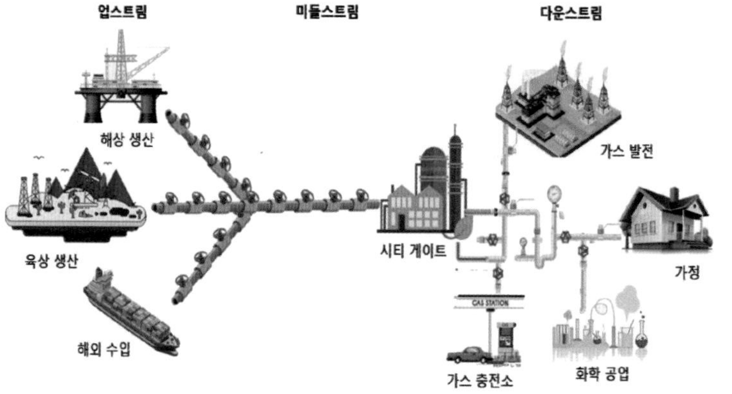

출처 : 미래에셋증권

당하는 파이프 기업과 다운스트림에 해당하는 도시가스 기업들은 유통 마진이 수익 구조에서 주를 이루고 있기 때문에 경기방어주 성격이 강하다.

PART 4에서 소개할 종목 중에는 다운스트림 비중이 대부분인 도시가스 종목도 있고, 미들스트림 자산을 일부 보유하고 있는 기업도 있다. 그리고 업스트림 자산을 일부 보유하고 있어서 다른 기업들에 비해 상대적으로 경기에 민감한 반응을 보이는 기업도 있다.

필자의 톱픽은 다운스트림에 해당하는 도시가스 기업이다. 우리나라는 34개의 도시가스 기업이 각 지역에서 사업을 영위하고 있다. 미국은 훨씬 더 많은 기업들이 각 주에서 사업을 영위하고 있다.

중국이 인구가 많고, 나라가 큰 만큼 우리나라보다 도시가스 기업이 훨씬 더 많았다면, 개별 기업들의 성장성도 떨어지고 투자 매력도도 떨어졌을 것이다. 그런데 중국은 우리나라와 미국에 비해 상위 기업들의 과점률이 훨씬 높다.

PART 4에서는 중국 도시가스 톱티어 기업들에 대해 살펴보도록 하겠다.

중국 도시가스주, 이 종목들만 알면 충분하다

중국은 천연가스 매장량이 풍부함에도 불구하고, 수입 의존도가 빠르게 증가하고 있다. 소비가 빠르게 증가한 것도 있지만, 중국 내 천연가스 생산을 국영석유 기업 3사PetroChina, SINOPEC, CNOOC가 과점하여 생산 효율성이 떨어진 이유도 크다.

그래서 중국 정부는 석유, 가스 생산 확대를 위해 2020년 5월 1일부터 탐사, 채굴 시장업스트림을 전면 개방했다. 그리고 시장 자유화를 촉진하기 위해 간선 파이프라인미들스트림을 통합하여 독립적으로 운영하는 '국가석유가스관망공사PipeChina'를 2019년 12월 9일에 설립했다.

도시가스 시장다운스트림 또한 투자가 활발하게 진행되고 있다. 2017년 중국 국가발전개혁위원회는 '가스 가격 감시관리 강화에 관한 지도 의견'을 발표했다. **해당 문건의 주요 내용은 도시가스 기업들의 합리적인 수**

익최대 세후 투자수익률 8%과 최소 30년 이상의 독점 사업권을 규정하여 도시가스 기업들의 수익성과 안정성을 보장한다는 내용이다. 중국 도시가스 기업의 주주가 되면 장기간 안정적인 수익을 함께 누릴 수 있다.

Natural Gas World의 2021년 2월 26일 기사 〈CITY GAS SWELLS IN CHINA중국 도시가스 팽창〉에 따르면, 중국의 5대 도시가스 기업인 곤륜에너지, 차이나가스, 화윤가스, 신아오가스, 항화가스의 중국 도시가스 시장점유율이 60% 이상인 것으로 추산된다.

중국의 5대 도시가스 기업들의 시장점유율은 계속 증가할 전망이며, 중국 도시가스주 투자는 이 종목들만 알면 충분하다고 생각한다. 여기에 베이징홀딩스를 추가하여 6종목을 관심 종목으로 설정하면 좋을 것 같다. 베이징홀딩스는 5대 도시가스 기업 중 하나인 차이나가스의 1대 주주이자, 베이징에 도시가스를 독점 공급하는 베이징가스의 지

중국 도시가스 업종 배당주 투자 관심 종목

종목명	종목코드	거래소	시가총액	PER	PBR	예상 배당수익률		
			(천억 원)	2022(E)	2022(E)	2021(A)	2022(E)	2023(E)
신아오가스	02688.HK	홍콩	210.6	14.1배	2.70배	2.7%	2.6%	3.0%
화윤가스	01193.HK	홍콩	118.5	11.3배	1.65배	3.7%	3.9%	4.3%
곤륜에너지	00135.HK	홍콩	96.0	9.0배	0.85배	3.5%	4.0%	4.1%
차이나가스	00384.HK	홍콩	86.8	5.4배	0.76배	4.7%	5.4%	6.1%
베이징홀딩스	00392.HK	홍콩	49.7	3.8배	0.33배	5.7%	5.9%	6.7%
항화가스	01083.HK	홍콩	20.3	7.4배	0.55배	2.2%	4.4%	5.1%

※ 2022.03.29. 기준 주가를 반영한 밸류에이션

분을 100% 소유하고 있는 기업이다.

6개 종목을 시가총액 순서대로 나열해봤다. 종목마다 밸류에이션의 차이가 크고, 예상 배당수익률도 차이가 난다. 가장 저평가된 종목에 집중 투자하는 것도 좋지만, 종목마다 특색이 있고 성장성이 다르기 때문에 단순 PER, PBR만 놓고 어느 종목이 더 싸고, 비싼지 판단할 수 없다. 세부적인 분석이 필요하다.

PART 1에서는 배당주 장기 투자에 대해, PART 2에서는 중국 배당주 투자의 매력에 대해 이야기했다. 그리고 PART 3에서는 중국 도시가스주 투자가 왜 매력적인지에 대하여 설명했다. 드디어 이 책의 핵심인 PART 4에서 중국 도시가스주 톱티어에 대한 이야기가 시작된다.

PART 4 전체를 중국 도시가스주 분석에 할애했다. 국내에 관련 자료가 거의 없고, 이 책을 통해 처음 들어보는 종목에 투자하기로 결정하는 것이 쉽지 않을 수 있다. 그래서 부족하지만 독자 여러분들과 이 종목들에 대해 최대한 깊이 들여다보려고 한다.

중국 도시가스주 투자가 노후 대비를 위한 투자로, 과연 매력적일까?

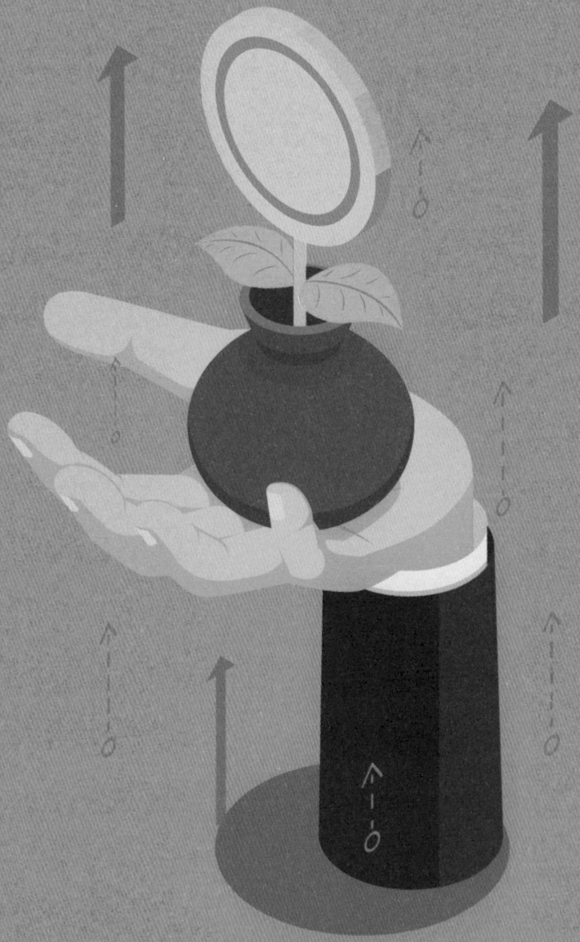

· PART 04 ·

"당신의 노후를 책임질 중국 도시가스주 톱픽을 소개합니다!"

곤륜에너지

곤륜에너지

기업명	곤륜에너지
주요 사업	유틸리티/Natural Gas Sales
상장일	1973.03.13.
상장된 시장	홍콩
종목코드	00135.HK
상장 주식 수	8,658,802천 주
거래 단위	2,000주
홈페이지	http://www.kunlun.com.hk

곤륜에너지는 중국에서 가장 많은 가스를 판매하는 기업이다. 5대 기업의 가스 판매량 추이를 보면, 5위 업체인 항화가스를 제외한 4개

업체의 가스 판매량이 비슷한 것을 알 수 있다.

4개 기업 중에서도 곤륜에너지의 상승세가 돋보인다. 동사의 2021년 총 가스 판매량은 42bcm에 달한다. 2020년 우리나라의 총 가스 소비량이 53bcm인 것을 생각해보면, 곤륜에너지의 가스 판매량이 얼마나 많은 양인지 감을 잡을 수 있을 것이다.

중국 기업들의 가스 판매량은 빠르게 증가하고 있고, 우리나라의 전체 가스 소비량은 정체되어 있다. 앞으로 몇 년만 지나면 **곤륜에너지 하나의 기업이 판매하는 가스가 우리나라 전체 소비량을 넘어설 것으로 예**

중국 도시가스 5대 기업 가스 판매량 비교

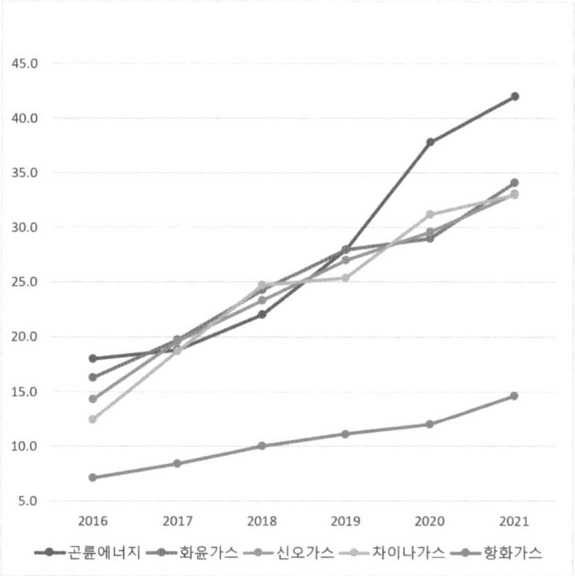

단위 : bcm

곤륜에너지의 천연가스 공급 지역

단위 : bcm

상된다.

곤륜에너지의 히스토리를 보면, 동사가 향후에도 시장점유율 1위 자리를 굳건히 유지할 것으로 보인다. 5대 기업 중 곤륜에너지가 다른 기업들과 차별화되는 부분은 유일하게 석유 대기업의 자회사라는 것이다. 동사는 중국의 최대 국영석유 기업인 페트로차이나의 유일한 도시가스 관련 자회사다. 페트로차이나는 현재 곤륜에너지 지분의 약 58%를 보유하고 있는 지배 주주다.

2015년까지만 해도 페트로차이나 산하에는 곤륜에너지와 별개로 곤륜가스라는 기업이 있었다. 곤륜에너지는 천연가스 관련 업스트림, 미들스트림, 다운스트림 전반의 비즈니스를 영위하고 있는 상장사다.

그리고 곤륜가스는 다운스트림 위주로 사업을 영위하는 페트로차이나 100% 소유의 비상장 자회사였다.

페트로차이나는 2015년에 계열사 간에 사업이 겹치는 곤륜에너지와 곤륜가스의 통합을 결정했으며, 페트로차이나 소유의 곤륜가스 지분 100%를 자회사인 곤륜에너지에 넘기는 방식의 합병을 진행했다.

곤륜에너지는 2016년 2월에 곤륜가스를 인수했으며, 모회사인 페트로차이나에게 148.3억 위안을 지불했다. 당시 위안화 환율 174원으로 계산하면, 한화로 약 2.6조 원에 달하는 금액이다. 이는 곤륜가스의 밸류에이션 PER 13.5배, PBR 1.3배를 반영한 금액이고, 당시 경쟁사들의 밸류에이션과 비교하면 합리적인 수준이었다.

2016년 5월 31일 인수 완료했으며, 곤륜에너지는 중국 최대 국영석

곤륜에너지 지배 구조 변화

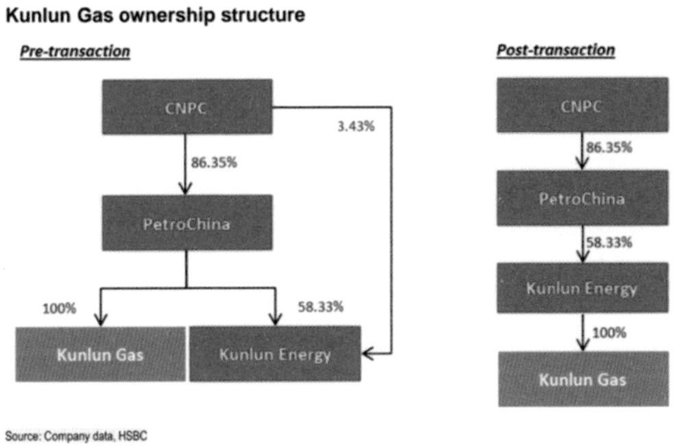

출처 : 곤륜에너지 IR 자료

유 기업인 페트로차이나의 유일한 도시가스 자회사가 되었다.

곤륜에너지의 사업 구성을 보면 탐사·채굴, 간선 파이프라인 운영, LNG터미널 운영, 가스 도소매 판매 등 가스 산업 전반의 사업을 영위하고 있다. 그런데 매출 및 이익 구성의 변화를 보면 도시가스다운스트림 사업의 비중이 빠르게 증가하고 있는 것을 알 수 있다.

앞에서 언급한 파이프차이나 설립 당시, 동사도 파이프차이나에 자산을 매각했다. 파이프차이나는 간선 파이프라인과 LNG 저장 시설 및 터미널을 통합하기 위해 기업들로부터 자산을 대거 사들이기 시작했다.

곤륜에너지는 2021년에 보유하고 있던 '페트로차이나 베이징 파이프라인'의 지분 60%와 '페트로차이나 다롄LNG'의 지분 75%를 매각했다. 2020년 하반기부터 파이프차이나는 자산을 보유하고 있는 기업들과 협상에 들어갔으며, 매각 자산은 PBR 1.4배로 평가되었다. 당시 곤륜에너지는 PBR 0.7에 거래되고 있었고, 필자는 PBR 0.7배에 보유하고 있는 기업이 자산을 PBR 1.4배에 매각한다고 하니 기대를 많이 하고 있었다.

매각 자산에 대한 평가는 내부적으로 계산한 것이 아니라, 글로벌 투자은행인 J.P.Morgan, HSBC, Citi 세 곳에 가치 평가를 의뢰한 것이다. 이렇게 평가된 두 자산의 가치는 408.9억 위안이었으며, 당시 환율 174원으로 환산하면 7조 1,150억 원이나 되는 금액이다. 이는 PBR 기준 1.9배에 달하는 평가였다.

PBR 1.4배만 적용받아도 대박이라고 생각했는데, 1.9배를 적용하여 자산을 매각한다는 발표를 보니 뛸 듯이 기뻤다. 발표 당시 동사의 시가총액은 원화로 8조 원 수준이었다. 시가총액 8조 원 기업이 일부 자산을 매각하여 7조 원이 넘는 현금을 받게 된 것이다.

자산 매각 금액이 확정되면서 곧바로 회사는 매각 자금의 활용 계획을 공시했는데, 공시를 보고 한 번 더 놀라게 되었다. 매각 대금의 절반을 주주들에게 현금으로 나눠 주고, 40%는 도시가스 사업에 투자하고, 나머지 10%는 사업 운영에 사용하겠다는 발표였다.

시가배당률 기준 32%며, 기준일 주가보다 더 낮은 가격에 매수한 필자의 투자금 대비 배당수익률은 이보다 훨씬 높았다. 정말 저 금액을 배당금으로 줄까 반신반의하며 기다렸는데, 2021년 1분기에 협상이 완료되고 2021년 7월 정기 배당에 특별 배당으로 함께 지급되었다**TMI, 필자는 특별 배당금으로 캠핑카를 구입하고, 나머지 금액은 배당주에 전부 재투자했다.**

동사는 간선 파이프라인 자산**미들스트림**을 매각하고, 도시가스 프로젝트**다운스트림** 투자를 공격적으로 진행하면서 사업 구조가 순수 도시가스

자산 매각 자금의 활용 계획

Use of proceed	Proportion
Distributed to shareholders	50%
Develop city gas business	40%
Repayment of existing debt and use for general operations	10%
	100%

Sources: Company announcement, CMS (HK)

출처 : 곤륜에너지 IR 자료

기업의 형태로 바뀌어 가고 있다.

업스트림 비중이 큰 기업들은 매출과 이익이 일정하지 않고, 재고 자산을 많이 보유하고 있다 보니 원자재 가격 변동에 따라 기업의 가치도 영향을 많이 받는다. 반면 순수 도시가스 기업에 가까운 유틸리티 기업들은 도매 가격에 마진을 붙여서 소매로 파는 사업을 영위하다 보니, 매출과 이익이 안정적이다. 무엇보다 원자재 가격에 따른 기업의 가치 변동도 상대적으로 훨씬 적은 편이다.

그래서 **사업 구조가 다운스트림 위주로 빠르게 변화하고 있는 곤륜에너지의 향후 주가는 과거보다는 훨씬 안정적인 흐름을 보이며 장기적으로 우상향할 것으로 기대된다.**

곤륜에너지의 PER 밴드 차트를 보면, 2020년 1분기에 주가가 엄청나게 하락한 것을 알 수 있다. 코로나19가 발생하고, 유가가 마이너스를 기록하면서 유전 자산을 보유하고 있는 동사는 직격탄을 맞았다. PER 6~7배도 매력적이라고 생각했는데, 주가가 폭락하여 PER 3배 수준까지 하락한 것이다.

흔치 않은 매수 기회였다. 2021년 순이익이 급증한 것은 자산 매각에 따른 현금 유입이 반영된 것이다. 2022년 9월 1일 현재 동사의 2022년 예상 실적 대비 PER은 9.84배, PBR은 0.98배, 배당수익률은 3.80%다. 도시가스 업종 내에서도 종목마다 성장률이 다르고, 수익성도 다르고, 배당 성향도 다르기 때문에 필자가 평가하는 적정 밸류에이션도 종목마다 다르다.

필자는 동사의 밸류에이션이 PER 기준으로 10배 이하, PBR 기준

곤륜에너지 PER 밴드 차트

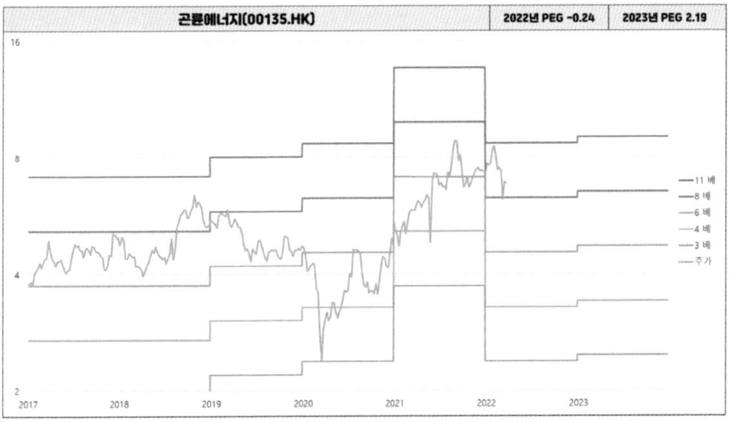

단위 : HKD

1.0배 이하, 배당수익률 기준 4.0% 이상이면 충분히 매력적인 수준이라고 생각한다.

필자는 중국 도시가스주 톱티어 6종목을 늘 모니터링하면서 저평가된 종목은 비중을 늘리고 고평가된 종목의 비중은 줄이면서, 오랜 기간 이 종목들과 함께하며 매년 배당금을 받을 것이다.

베이징홀딩스

베이징홀딩스

기업명	베이징홀딩스
주요 사업	유틸리티/Piped Gas Operation
상장일	1997.05.29.
상장된 시장	홍콩
종목코드	00392.HK
상장 주식 수	1,262,053천 주
거래 단위	500주
홈페이지	http://www.behl.com.hk

베이징홀딩스의 풀네임은 '베이징 엔터프라이즈 홀딩스'다. 즉 베이징에 있는 기업들의 지주사라는 의미다.

베이징홀딩스 지배 구조

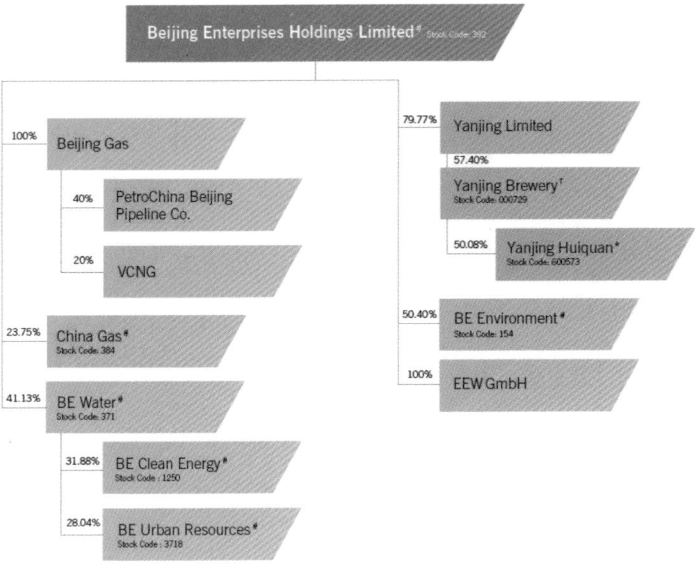

출처 : 베이징홀딩스 IR 자료

동사의 지배 주주는 베이징 국유자산감독관리위원회SASAC며, 62.3%의 지분을 보유하고 있다. 자회사들의 사업 분야는 가스, 수도, 맥주, 고체폐기물 처리 등으로 나뉜다.

베이징홀딩스의 특징은 '과도한 저평가'와 '안정적인 배당'이다. 먼저 자회사들의 지분 가치를 합산하여 동사의 시가총액이 얼마나 저평가되어 있는지 알아보자.

① 베이징가스비상장

베이징가스는 베이징에 가스를 독점 공급하는 기업이다. 2021년 한해 가스 판매량은 18.9bcm에 달하며, 5대 기업 중 하나인 항화가스의 가스 판매량 14.6bcm보다도 많은 판매량이다. 그리고 동사는 '페트로차이나 베이징 파이프라인'과 'VCNG'의 지분을 보유하고 있다.

먼저 페트로차이나 베이징 파이프라인은 곤륜에너지가 파이프차이나에 매각한 바로 그 자산이다. 곤륜에너지는 해당 자산의 60% 지분을 매각했고, 베이징가스는 지분 40%를 보유 중이다. 글로벌 IBInvestment Bank, 투자은행들이 평가한 이 자산의 가치는 556.56억 위안이며, 베이징가스가 보유한 지분 40%의 가치는 222.62억 위안이 된다. 이를 2022년 9월 1일 위안화 환율 198원을 적용하면 4.4조 원이 된다.

VCNG는 석유가스를 탐사, 채굴하는 러시아의 대표 에너지 기업인 로스네프트의 계열사다. 베이징가스는 2016년에 VCNG 지분 20%를 11억 달러에 매입했다. 이는 달러 환율 1,400원을 적용하면 1.5조 원이다.

두 자산 지분 가치의 합은 5.8조 원이다. 충격적인 것은 베이징홀딩스의 시가총액이 현재 5.5조 원이라는 것이다2022년 9월 1일 기준 5.5조 원.

베이징가스의 가스 유통수익, 페트로차이나 베이징 파이프라인의 주주 귀속수익 그리고 로스네프트 VCNG의 주주 귀속수익을 포함한 동사의 2021년 세전이익은 56.1억 홍콩 달러다. 2022년 9월 1일 홍콩 달러 환율 176원을 적용하면 9,873억 원이다.

비상장 기업인 동사의 가치를 보수적으로 6조 원 정도로 평가한다. 5.8조 원 가치의 두 자산을 포함한 것이며, 2021년 이익의 약 7배에 달하는 수준이다.

② 차이나가스00384.HK

차이나가스는 중국의 5대 가스 기업 중 하나다. 기업에 대한 자세한 소개는 뒤에서 다시 하기로 하고, 여기서는 베이징홀딩스의 지분 가치만 계산해보자.

차이나가스는 홍콩거래소에 상장되어 있으며, 2022년 9월 1일 기준 시가총액은 10.1조 원이다. 2021년 상반기까지만 해도 시가총액이 28조 원에 달했는데, 현재 과도한 저평가 국면이라고 생각한다.

아무튼 베이징홀딩스는 차이나가스 지분 23.75%를 보유하고 있으며, 시가총액 대비 지분의 가치는 2조 원이다.

③ 북경수도 그룹00371.HK

북경수도 그룹은 수자원 사업을 영위하는 기업이다. 물과 관련된 다양한 인프라를 제공하고, 수돗물을 유통하는 사업을 영위하고 있다.

수도 사업은 도시가스 사업 못지않게 안정적이며, 한 번 건설하면 비용이 들어가는 것이 거의 없어서 장기적으로 주주들에게 안정적인 수익을 안겨주는 사업이다.

동사는 미국의 배당 왕 종목인 '아메리칸 스테이츠 워터'와 같은 기업이라고 생각한다. 동사의 시가총액은 3.5조 원2022년 9월 1일 기준이다. 베이징홀딩스가 보유하고 있는 지분 41.13%의 가치는 1.5조 원이다.

④ 연경맥주000729.SZ

연경맥주는 설화맥주, 칭다오맥주에 이어 중국 3대 맥주 브랜드에 속하는 기업이다.

동사는 2020년 중국의 가장 가치 있는 브랜드 500대 기업으로 선정되었으며, 브랜드 가치가 23조 원에 이른다는 평가를 받았다. 현재 시가총액은 5.8조 원2022년 9월 1일 기준이다.

베이징홀딩스가 보유하고 있는 지분 45.79%의 가치는 1.8조 원이다.

⑤ EEW GmbH

EEW Energy from Waste는 독일의 고체폐기물 처리 기업이다. 2016년 베이징홀딩스는 동사의 지분을 통째로 인수했으며, 14억 유로에 매입했다. 유로 환율 1,350원을 반영한 동사의 가치는 1.9조 원이다.

지금까지 베이징홀딩스의 자회사를 살펴봤다. 소개한 다섯 개 기업의 지분 가치를 합산하면 약 13.3조 원이다. 현재 동사의 시가총액은 5.7조 원으로, 다섯 개 기업 지분 가치 대비 36%에 불과한 수준이다.

또한 동사의 2021년 EPS는 7.86HKD인데, 현재 주가 24.85HKD는 2021년 EPS의 3.16배에 불과하다. 즉 PER이 3.16배밖에 안 된다는 것이다. PER 밴드 차트를 보면, 역사적 저평가 국면에서 거래되고 있음을 알 수 있다. 매년 이익이 증가하다가 2020년 한해 큰 폭으로 하락했다.

이는 동사가 지분을 41.13% 보유하고 있는 자회사인 'Beijing Gas Blue Sky Holdings'의 부실 자산에 대한 손실충당금 11.2억 홍콩 달러를 반영하면서 발생한 일시적 충격이었다. 향후 안정적인 이익 증

베이징홀딩스 PER 밴드 차트

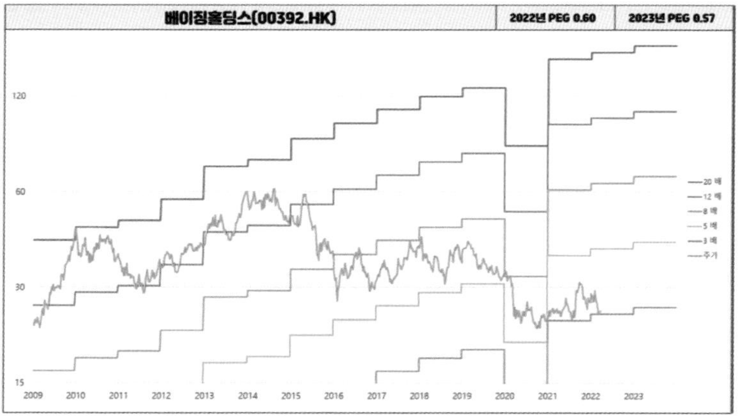

단위 : HKD

가를 이어 갈 것으로 기대하며, 현재 주가는 과도한 저평가라고 판단된다.

또 하나의 투자 매력은 안정적인 배당 지급이다. 22년간 배당금 지급 추이를 보면, 단 한 번도 배당금이 전년 대비 줄어든 적이 없다. 미국 배당 왕 주식들처럼 매년 배당금이 증가한 것은 아니지만, 한 번도 줄어든 적 없이 22년간 꾸준히 증가해왔다.

2022년 배당금에 대한 예상 배당수익률은 5.9%다. 그런데 배당 성향이 높아서 배당수익률이 높은 것이 아니라, 주가가 과도하게 낮아서 배당수익률이 높은 것이다.

동사는 매년 20% 미만의 배당 성향으로 배당금을 지급해왔다. 2020년에는 일회성 손실충당금 발생으로 순이익이 줄었지만, 배당 성향을

베이징홀딩스 배당금 및 배당수익률 추이

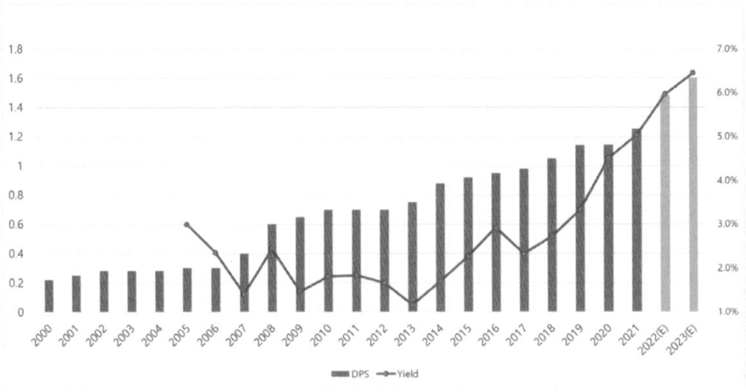

단위 : HKD

10% 높여서 전년과 동일한 배당금을 지급했다. 배당금 지급에 대한 신뢰를 엿볼 수 있는 부분이다.

지금껏 동사의 배당 성향이 20% 미만으로 낮았던 원인은 자회사들이 동사에 지급하는 배당금으로 주주들에게 지급할 수 있는 현금이 제한적이었기 때문이다. 자회사 중 베이징가스는 가장 현금 흐름이 좋으면서, 동사가 지분 100%를 소유하고 있는 기업이지만 배당금을 지급하지 않고 있었다.

국유자산감독관리위원회는 동사가 배당 성향을 높이도록 장려하고 있으며, 베이징가스는 점점 투자를 줄이며 배당금을 지급하기 시작할 가능성이 높아 보인다. 향후 동사의 배당 성향은 30% 수준으로 서서히 증가할 전망이다. 배당 성향이 20%에서 30%로 증가하는 것은 배당금이 50% 증가한다는 의미다. 이러한 흐름은 동사에 강한 호재로 작용할 것이다**TMI, 곤륜에너지 특별 배당금으로 캠핑카를 사고 남은 배당금은 전부 재투자했다고 언급했는데, 그 종목이 바로 베이징홀딩스다.**

과도하게 저평가된 주가는 확실히 강한 지지력을 보인다. 그리고 투자자로서 마음이 편하다. 필자는 최근에 발표한 동사의 2021년 실적을 주인의 마음으로 살펴봤다. 20년이 넘는 기간 동안 꾸준히 배당금을 늘려온 동사에, 신뢰를 갖고 오래오래 투자하고 싶다.

차이나가스

차이나가스

기업명	차이나가스
주요 사업	유틸리티/Sale of Piped Gas
상장일	1995.10.20.
상장된 시장	홍콩
종목코드	00384.HK
상장 주식 수	5,535,794천 주
거래 단위	200주
홈페이지	http://www.chinagasholdings.com.hk

차이나가스는 이름에서 알 수 있듯이 중국의 대표 가스 기업이며, 동사의 최대 주주는 앞서 소개한 베이징홀딩스다.

차이나가스의 천연가스 공급 지역

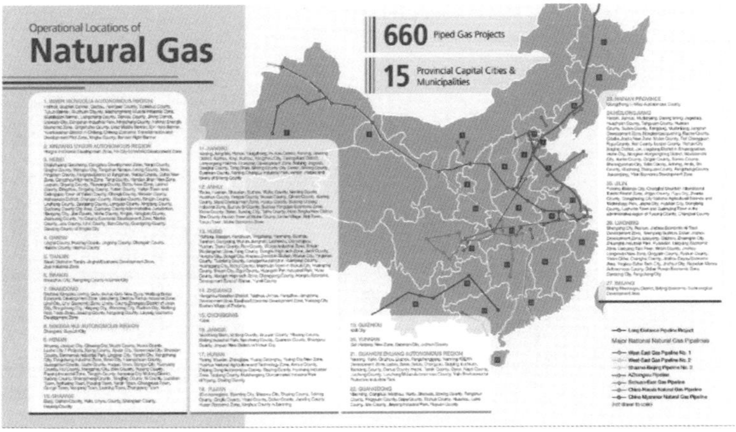

출처 : 차이나가스 IR 자료

2021년 기준 660개의 도시가스 프로젝트를 운영하고 있으며, 총 가스 판매량은 36.7bcm이다.

차이나가스의 가스 판매량은 2000년도에 들어서면서 가파른 성장을 이어 왔다. 2002년 0.013bcm에 불과했던 가스 판매량은 2021년 36.7bcm으로 증가했다. **이를 연평균 증가율로 계산하면 51.9%에 달한다. 19년 동안 평균 51.9%씩 매년 판매량이 증가한 것이다.**

중국의 가스 소비 증가는 여전히 빠르게 진행 중이며, 동사도 많은 성장 동력을 갖고 있다.

2019년 12월 2일 러시아와 중국을 연결하는 '시베리아의 힘Power of Siberia' 가스 파이프라인이 개통되었다. 해당 파이프라인을 통해 연간

차이나가스 가스 판매 증가 추이

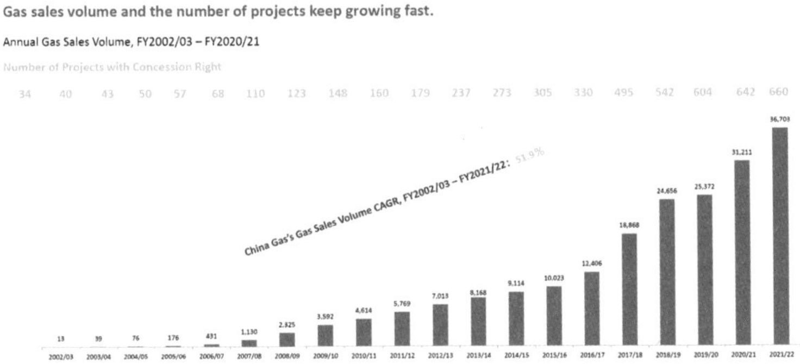

출처 : 차이나가스 IR 자료

38bcm의 천연가스를 30년 동안 공급할 예정이다. 이는 2020년 중국의 천연가스 총 소비량2326bcm의 11.66%에 해당하는 규모며, 총 수입량125.8bcm의 30.21%에 달하는 규모다.

중국은 현재 천연가스 수입량의 절반 이상을 투르크메니스탄PNG과 호주LNG에서 수입하고 있으며, '시베리아의 힘' 가스 파이프라인이 개통되면서 러시아산 천연가스의 수입 비중이 빠르게 증가할 전망이다. 이를 통해 동북 3성헤이룽장성, 지린성, 랴오닝성의 석탄 소비를 빠르게 가스로 대체할 예정이다.

중국의 동북 3성 지역은 가스 공급이 부족한 지역으로 소비가 억제되어 왔지만, 중-러 동부 파이프라인시베리아의 힘을 통해 러시아산 가스가 들어오면서 상황이 바뀌었다. 동사는 2030년까지 동북 3성 연간 가스 판매량 20bcm을 목표로 하고 있다.

현지 애널리스트들은 농촌 지역의 도시가스 보급이 동사의 강력한 성장 동력이라고 주장한다. 겨울철에 중국의 북방 지역은 도심을 중심으로 대부분 중앙난방을 통해 열이 공급된다. 하지만 인프라가 없는 농촌 지역에서는 대부분 석탄을 난방에 사용하고 있으며, 이는 겨울철 엄청난 환경오염을 발생시킨다.

농촌 지역의 개별난방에 따른 가스 소비가 도시의 가스 소비량의 5~10배에 달할 것이라는 분석도 나오고 있다. 동북 3성 가스 인프라의 확대로 동사의 가스 판매량 증가세는 지속될 전망이다.

중국은 친링산맥과 화이허강을 이은 1,000km 선으로 중국의 남방과 북방으로 나뉜다. 이 분계선을 기준으로 북방은 겨울이 되면 중앙

도시 난방 프로젝트 커버 지역

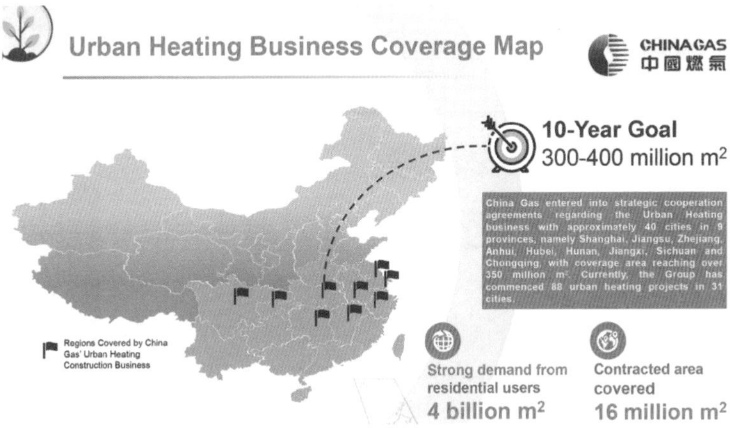

출처 : 차이나가스 IR 자료

난방을 제공하고, 남방은 주택에 난방 시스템이 갖춰져 있지 않다. 남부 지역은 날씨가 따뜻해서 겨울 난방에 대한 걱정이 없지만, 중부 지역 중 분계선 바로 아래 지역에 사는 사람들은 겨울철 혹한기를 보내게 된다.

차이나가스는 해당 지역 9개 성의 약 40개 도시 난방 프로젝트에 투자하고 있으며, 이는 10년간의 장기 프로젝트로 진행되고 있다.

차이나가스는 중국에서 유일하게 LPG 사업 수직 계열화를 갖춘 기업이기도 하다. 동사는 7개의 LPG 터미널과 30만m^3의 LPG 저장 시설을 보유하고 있으며, 중국 21개 성의 LPG 유통을 커버하고 있다.

LPG**액화석유가스**는 천연가스에 비해 소비 확대 여력이 크지는 않지만, 동사는 LPG 유통의 장점을 활용하여 새로운 성장 동력을 확보했다. 천연가스를 소비자들에게 공급하기 위해서는 초기에 대규모 설비 투자가 필요하다. 그래서 수익성이 떨어지는 소규모 지역에는 가스 인프

차이나가스 LPG 밸류체인

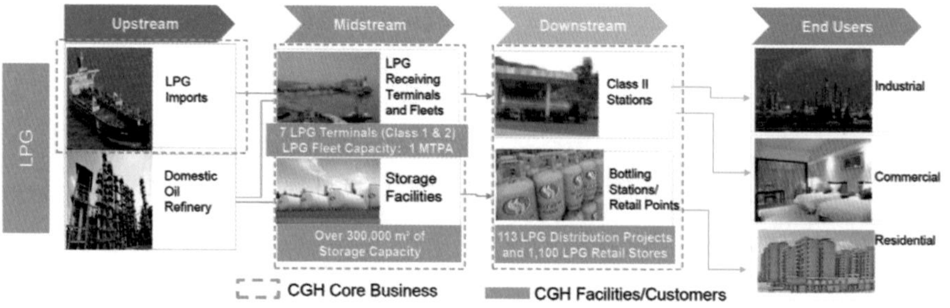

출처 : 차이나가스 IR 자료

라 투자가 제한적일 수밖에 없다.

차이나가스는 이런 천연가스 인프라 투자가 제한적인 곳에 LPG가스를 공급하는 소규모 공급 장치를 건설하는 '스마트 마이크로그리드Smart MicroGrid' 사업을 적극적으로 진행하고 있다. 스마트 마이크로그리드의 장점은 초기 투자 비용이 천연가스 인프라보다 훨씬 적게 들고, 무엇보다도 천연가스 인프라가 들어갈 수 없는 지역에 공급할 수 있다는 큰 장점이 있다.

동사는 국가 정책과 관련된 15개의 기술 특허를 갖고 있으며, 스마

스마트 마이크로그리드 커버 지역

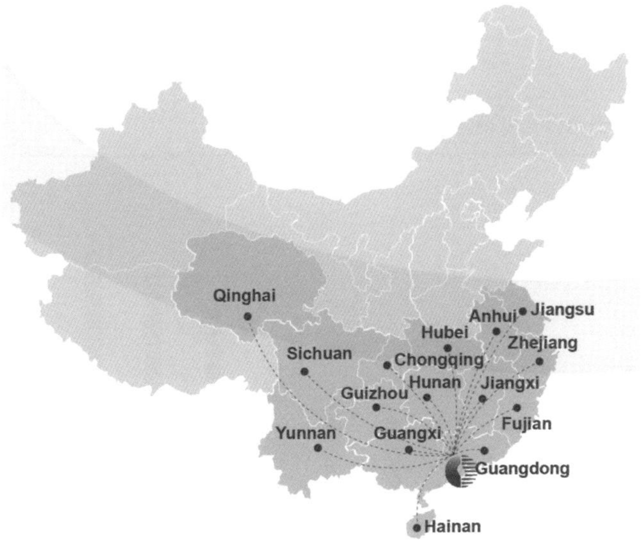

출처 : 차이나가스 IR 자료

트 가스 공급 시스템을 자체 설계 및 자체 건설 능력을 갖추고 있다. 건설 기간이 1~3개월로 짧고, 일반적인 LPG통을 매번 주문해서 사용하는 것보다 훨씬 편리하며 가격까지 30% 저렴하기 때문에 규모가 빠르게 확장되고 있다.

농촌의 마이크로그리드 가스 공급 활성화를 위한 지원이 2020년 6월 1일 공식적으로 시행되었으며, 2021년 6월 22일에는 4개 성**칭하이성, 하이난성, 윈난성, 광둥성** 부처가 공동으로 농촌의 현대화 가속화를 발표했다. 해당 지역에서 스마트 마이크로그리드 인프라를 필요로 하는 가구는 대략 2,500만 가구에 달한다. 차이나가스의 LPG 판매 증가율은 20%의 고성장을 이어 갈 것으로 예상된다.

지난 10여 년간 동사의 이익은 빠르게 증가해왔다. 2010년부터

차이나가스 순이익 및 배당금 추이

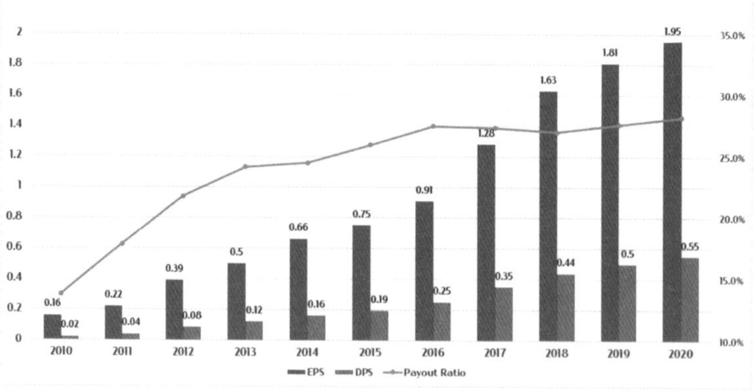

단위 : HKD

2020년까지 이익은 11배 증가했고, 배당금은 24배 증가했다. 배당금이 이익보다 훨씬 더 많이 오른 이유는 배당 성향이 10%대에서 20%대로 증가했기 때문이다. 장기적으로 이익 성장률은 둔화하겠지만, 투자가 줄면 배당 성향은 30~40%대로 증가하면서 배당금 증가 또한 지속될 것으로 예상된다.

차이나가스의 PER 밴드 차트를 보면, 지난 10여 년간 이익의 고속 성장과 함께 주가도 높은 밸류에이션을 유지하면서 상승한 것을 알 수 있다. PER 10~20배에서 움직이던 주가는 2021년 4월부터 큰 폭의 하락이 진행 중이다. 이는 동사가 자금 조달을 위한 신주를 발행하면서 시작되었다. 사업 확장을 위해 116억 홍콩 달러약 2조 원를 조달했으며, 발행된 신주는 이를 반영한 전체 주식의 7%에 해당하는 수준이다.

차이나가스 PER 밴드 차트

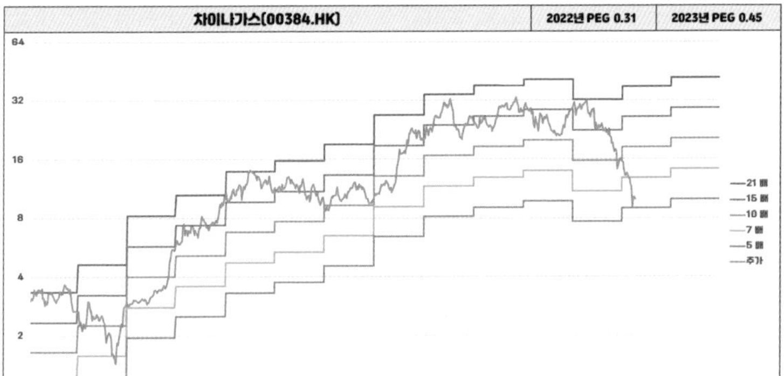

단위 : HKD

이렇게 조달한 자금의 40%는 가스 사업 확장을 위한 M&A에 사용되며, 25%는 중국 남방 지역 도시 난방 프로젝트에 사용될 예정이다. 그리고 25%는 LPG 마이크로그리드 프로젝트에 사용될 예정이며, 나머지 10%는 운전 자본으로 활용할 것이라고 발표했다.

신주 발행에 따른 주당 가치의 희석은 단기적으로 악재지만, 조달한 자금이 올바르게 활용되면 장기적으로 호재로 작용할 것이다. 주가 하락은 이뿐만 아니라 러시아-우크라이나 사태 및 가스 가격 급등에 따른 유통 업체 마진 감소와 전반적인 증시 분위기 악화 등이 영향을 미쳤다.

글로벌 리서치 전문 기업인 모닝스타의 2022년 4월 1일 자료에 따르면, 현재의 주가는 이러한 악재들을 충분히 반영하고도 저평가된 수준이라고 언급했다.

현재 동사의 주가는 역사적 바닥 국면에서 거래되고 있다. 2022년 예상이익을 반영한 PER은 5.77배며, 배당수익률은 5%가 넘는다. 필자는 **차이나가스가 앞으로도 장기간 중국 정부의 정책에 수혜를 입으며 안정적으로 사업을 확장해 나갈 것으로 전망하기 때문에, 과도한 하락은 투자의 기회라고 생각한다.**

화윤가스

화윤가스

기업명	화윤가스
주요 사업	유틸리티/Sale&Distribution of Gas Fuel
상장일	1994.11.07
상장된 시장	홍콩
종목코드	01193.HK
상장 주식 수	2,314,013천 주
거래 단위	2,000주
홈페이지	http://www.crcgas.com

화윤가스는 중국의 대표 도시가스 기업 중 하나며, 중국의 대표 국유 그룹인 화윤 그룹China Resources Group의 계열사다. 화윤 그룹의 전신은

Liow&Co.이며, 1938년 홍콩에서 설립되었다.

Liow&Co.는 중국 내전에 참전한 팔로군과 훗날 인민 해방군을 위한 기금을 마련하고, 군수품 및 의약품을 조달하기 위해 설립되었다. 이후 중국 국무원 국유자산감독관리위원회 산하로 편입이 되었으며 소비재, 유통, 의약, 부동산, 인프라 등 다양한 분야에서 중국 인민들의 삶에 깊숙이 자리잡고 있는 국유 대기업이다.

화윤 그룹은 2021년 포춘 글로벌 500대 기업 중 69위에 랭크되었으며, 13개의 상장사를 거느리고 있다.

화윤 그룹 계열사

	영문명	한글명	종목코드	시가총액(조 원)
1	CR Land	화룬부동산	01109.HK	41.3
2	CR Beer	화룬맥주	00291.HK	24.5
3	CR Micro	China Res Micro	688396.SH	13.8
4	CR Mixc Lifestyle	China Res Mixc	01209.HK	13.0
5	CR Gas	화윤가스	01193.HK	12.1
6	CR Power	화룬전력	00836.HK	11.1
7	CR Sanjiu	화윤삼구제약	000999.SZ	8.3
8	CR Cement	화룬시멘트	01313.HK	7.2
9	DongEJiao	동아아교	000423.SZ	4.2
10	CH Pharm	화룬제약	03320.HK	4.1
11	CR Double-Crane	화윤쌍학제약	600062.SH	3.3
12	Jiangzhong Pharma	강중제약	600750.SH	1.6
13	CR Medical	화윤봉황의료	01515.HK	0.9

※ 시가총액 기준일 : 2022.04.01

화윤가스는 일찍이 중국 도시가스 시장에 진출하면서 양질의 사업권을 많이 확보했다. 경쟁사들 대비 대도시 사업 비중이 높아서 수익성이 높고, 재무적으로 매우 안정적인 모습을 보인다.

동사는 현재 266개의 도시가스 프로젝트를 운영 중이며, 4,587만의 고객들에게 서비스를 제공하고 있다. 사업권을 얻은 지역의 총 도시가스 연결 가능 가구는 8,316만이며, 침투율은 55.0%에 도달했다. 침투율이 70~80% 수준까지는 빠르게 증가할 것으로 예상된다.

동사의 성장 추이를 보면, 사업이 매우 안정적으로 성장한 것을 알 수 있다.

2008년 가스 판매량은 1.37bcm이었으며 연평균 28.0%씩 증가하여 2021년 가스 판매량은 34.08bcm까지 증가했다. 해당 기간 매출은

화윤가스의 천연가스 공급 지역

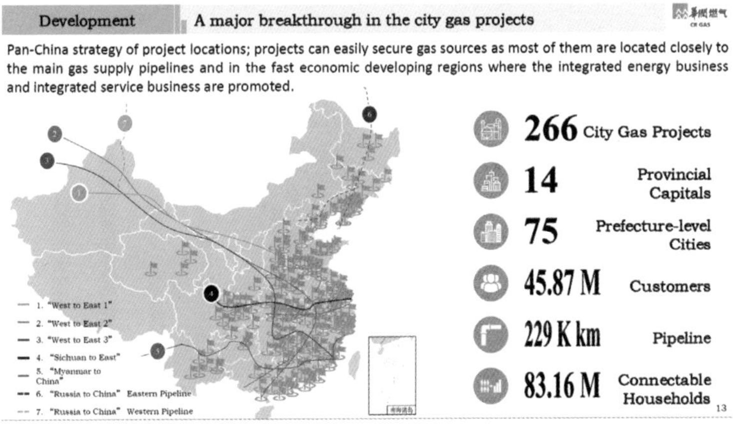

출처 : 화윤가스 IR 자료

화윤가스 가스 판매량, 매출, 이익 증가 추이

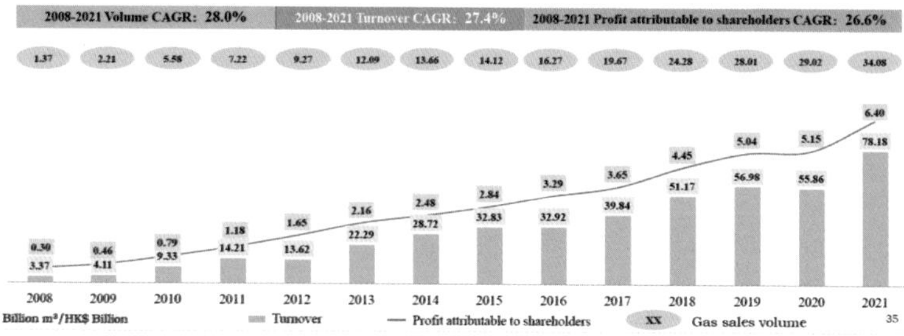

출처 : 화윤가스 IR 자료

연평균 27.4%씩 증가했으며, 이익은 연평균 26.6%씩 증가했다.

배당금은 2008년부터 2021년까지 매년 증가했으며, 연평균 증가율

화윤가스 배당금 및 배당 성향 추이

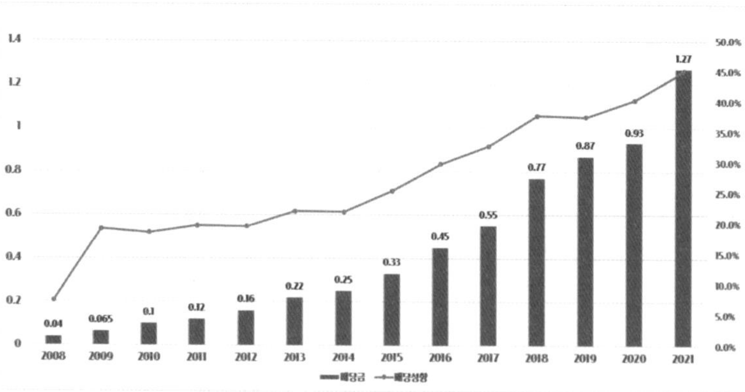

단위 : HKD

은 29.8%에 달한다. 이익도 빠르게 증가했지만, 배당 성향이 20% 수준에서 40%대로 점점 증가하면서 배당금은 더 가파르게 증가했다. 2021년 배당 성향은 45%며, 배당금은 전년 대비 36.6%나 증가했다. 향후 동사의 배당 성향은 40%대를 유지할 것으로 전망된다.

화윤가스의 경쟁사 대비 강점은 재무 안정성이다. 동사의 순 부채는 2018년부터 줄곧 마이너스를 기록해왔다. 즉 갖고 있는 현금성 자산이 이자가 발생하는 부채보다 많다는 것이다. 기업의 재무 건전성을 체크할 수 있는 대표적인 지표 중 하나가 '이자보상배율'이다.

이자보상배율은 기업이 수입에서 얼마를 이자 비용으로 쓰고 있는지를 나타내는 수치다. 이 값이 1미만이라는 것은 영업해서 번 돈으로 이자도 못 낸다는 것을 의미하며, 일반적으로 5배를 넘으면 양호한 수준으로 본다. 동사의 2020년 이자보상배율은 19배며, 금융 비용과 부채에 대한 걱정은 전혀 하지 않아도 될 만큼 안정적인 재무 구조를 보인다.

수익성, 성장성, 안정성 모든 것을 갖춘 동사에 한 가지 아쉬운 점이 있다면, 주가 밸류에이션이 피어 그룹 대비 높게 형성되어 있다는 것이다. 워낙 매력적인 기업이다 보니 주가 흐름이 안정적이고, 싸게 살 수 있는 매수 기회가 흔치 않다.

PER 밴드 차트를 보면, 동사의 주가는 2008년 금융 위기 이후 오랜 기간 PER 10~20배 사이에서 움직여 왔다. 향후에도 이러한 사업 성과를 유지한다면, PER 12배 정도면 매수하기 괜찮은 밸류에이션이라고 생각한다. 2022년 9월 현재 동사의 PER은 10.85배로 역사적 저평

화윤가스 PER 밴드 차트

단위 : HKD

가 국면에서 거래되고 있다.

도시가스 프로젝트를 꾸준히 확장하고 있으며, 여전히 침투율이 낮아서 빠르게 사용자가 늘어날 것으로 예상된다. 그래서 필자는 동사의 전망을 낙관하며, 지금이 좋은 매수 기회라고 생각한다.

신아오가스

신아오가스

기업명	신아오가스
주요 사업	유틸리티/Retail gas sales business
상장일	2002.06.03
상장된 시장	홍콩
종목코드	02688.HK
상장 주식 수	1,130,150천 주
거래 단위	100주
홈페이지	http://www.ennenergy.com

신아오가스의 2021년 연간보고서 프레젠테이션은 이렇게 시작된다. "20년간의 우수한 성과로 ENN신아오가스은 우량주로 부상했습니다. 우

리는 새로운 여정을 시작할 준비가 되었습니다."

동사는 2002년에 상장하여 2021년이 상장 20주년이 되는 해였다. 20년간 눈부신 성장을 했으며, 이러한 성과는 고스란히 주주들에게 전달되었다. 주주에게 전달된 성과는 주가 상승과 배당금의 합이다. 동사가 20년간 주주들에게 안겨준 총 수익률주가 상승 + 배당금은 137배에 달한다.

상장 당시 주가는 1.5HKD였으며, 2022년 9월 1일 주가는 120HKD였다. 배당금을 제외하고 주가 상승만 보면 80배 상승한 것이다. 이는 중국 도시가스 기업 중에서 가장 우수한 성과다.

동사는 중국의 최대 민영 에너지 기업 중 하나인 ENN 그룹의 계열사다. 경쟁사들 대비 가장 혁신적이며, 산업을 주도해 나가는 모습을 볼 수 있다.

전 세계적으로 ESG 경영이 화두다. 기업의 재무적 성과만을 판단하

신아오가스 장기 차트 히스토리

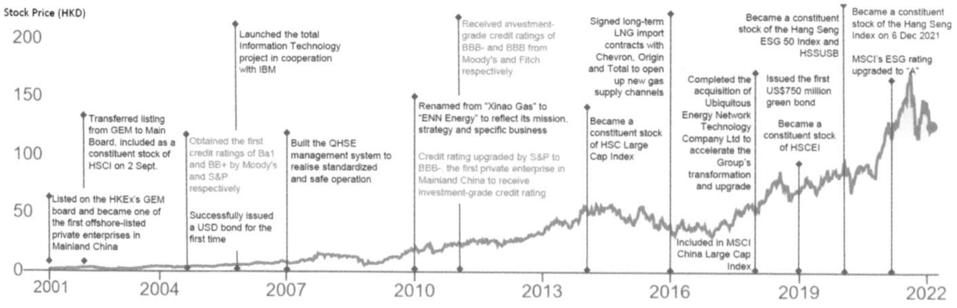

출처 : 신아오가스 IR 자료

던 전통적 방식과 달리, 최근에는 장기적 관점에서 기업 가치와 지속 가능성에 영향을 주는 ESG환경, 사회, 지배 구조 등의 비재무적 요소를 반영하여 기업을 평가한다.

신아오가스는 2021년 MSCI ESG 평가에서 A등급을 받았으며, 항셍 ESG 50지수에 편입되었다. 도시가스 기업 중에서는 신아오가스와 항화가스의 모회사인 홍콩중화가스가 이 지수에 포함되어 있다. ESG 지수에 편입되었다는 것은 정보가 부족한 국내 투자자들에게 신뢰감을 줄 수 있는 부분이다.

동사의 2021년 연간보고서를 보면, 부문별 결과 보고 순서가 바뀐 것이 눈에 띈다. 2020년까지만 해도 메인 사업인 도시가스 판매Retail Gas Sales Business가 가장 먼저 언급되었다. 그리고 그 뒤를 이어 건설 및 설치Construction & Installation, 통합에너지 사업Integrated Energy Business, 부가 가치 사업Value Added Business 순서였다.

MSCI ESG rating upgraded to 'A'

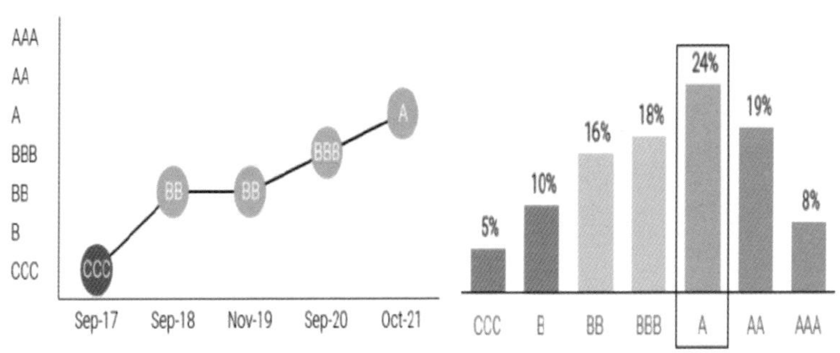

출처 : 신아오가스 IR 자료

그런데 2021년 자료에는 처음으로 통합에너지 사업이 가장 먼저 언급되었다. 중요한 부문일수록 앞부분에 언급한다는 것을 고려하면, 가스 판매 사업보다 통합에너지 사업이 먼저 언급된 것은 중요한 변화다. 서두에서 이야기한 "우리는 새로운 여정을 시작할 준비가 되었습니다."라는 말이 이 부분을 말하는 것 같다.

통합에너지 사업의 핵심은 화석연료 소비와 이산화탄소 배출량을 줄이는 것이다. 동사는 에너지 절약, 탄소 저감 및 에너지 비용 절감에 대한 고객의 요구를 만족시키기 위해 신재생에너지를 우선시하고, 멀티에너지로 보완하는 지능형 저탄소 산업단지를 조성하여 운영한다.

Four Low-carbon Solutions

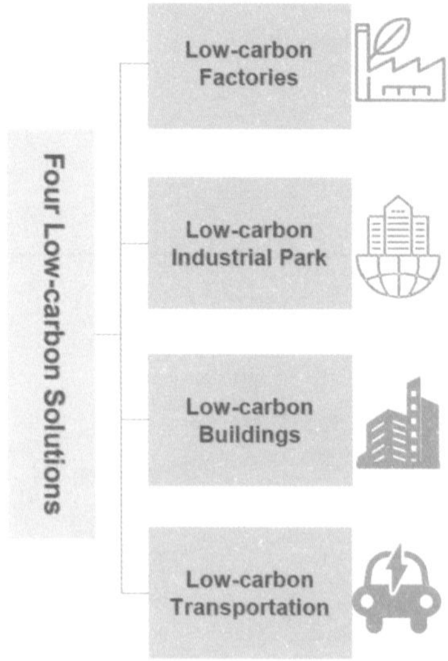

출처 : 신아오가스 IR 자료

현재 52곳의 저탄소 산업단지를 운영하고 있으며, 261곳의 산업단지가 추가될 예정이다.

또한 443개 공장에 저탄소 솔루션을 제공하고 있으며, 38개 빌딩에 저탄소 솔루션 및 서비스를 제공하고 있다. 그리고 저탄소 운송 부문의 전기차 충전 및 배터리 교환 인프라는 초기 단계지만 빠르게 확장될 것으로 예상된다. 통합에너지 사업의 이익이 가스 판매이익의 22%에 불과하지만, 성장성과 수익성이 높아서 전체 이익에서 차지하는 비중이 점차 늘어날 것이다.

부가 가치 사업의 성장도 기대된다. 부가 가치 사업은 주방용품, 보

신아오가스 VAB(Value Added Business)

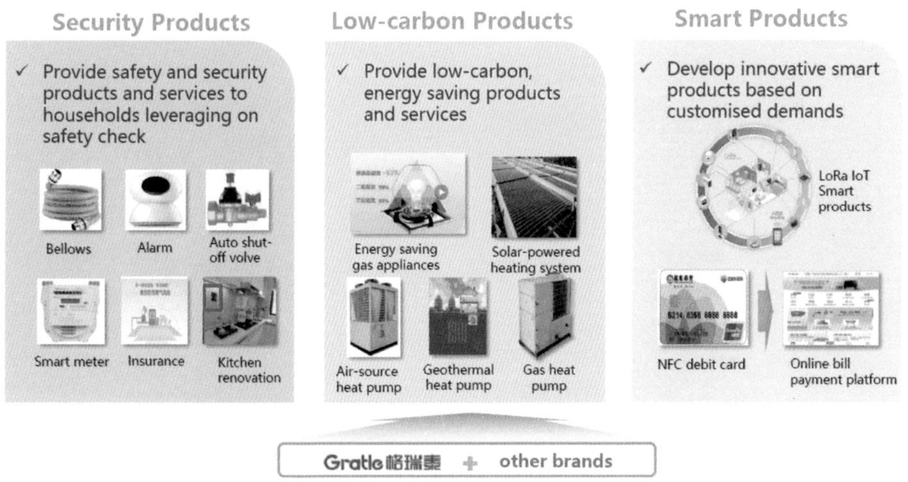

출처 : 신아오가스 IR 자료

안제품, 난방제품 및 다양한 서비스 등을 포함한다. 이미 도시가스 보급을 통해 고객이 확보되어 있기 때문에, 안정적인 사업이 가능하며 수익성이 매우 높은 부문이다.

도시가스 판매 가격은 정부에서 통제하기 때문에 안정적이라는 장점은 있지만, 수익이 제한적이라는 단점도 있다. 하지만 도시가스 판매와 달리 통합에너지 사업과 부가 가치 사업에서 높은 수익을 얻을 수 있다.

신아오가스는 피어 그룹 내에서 가장 빠르게 혁신하는 기업이며, 앞서가고 있다. 모든 도시가스 기업들이 나아가고자 하는 방향이기도

신아오가스의 천연가스 공급 지역

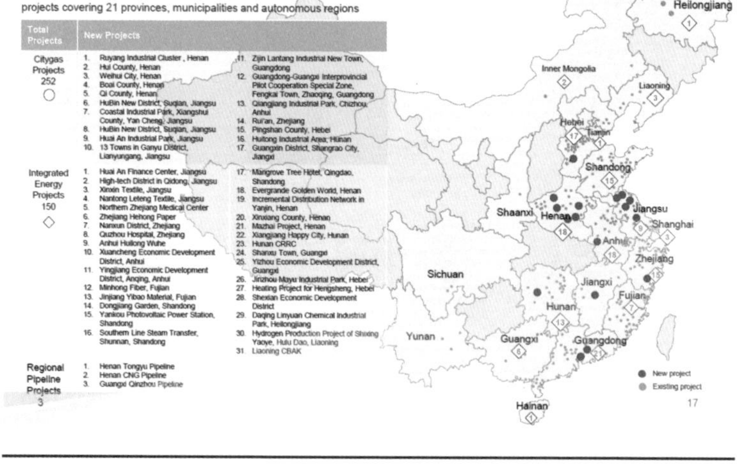

출처 : 신아오가스 IR 자료

신아오가스 PER 밴드 차트

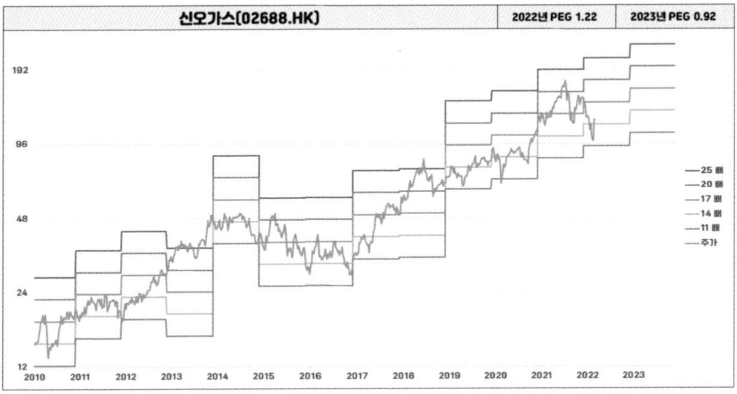

단위 : HKD

하다.

신아오가스는 톱티어 6개 기업 중 가장 높은 밸류에이션에 거래되고, 시가총액이 가장 큰 기업이다. 동사의 배당 성향은 30% 후반 수준이지만, 밸류에이션이 높아서 배당수익률은 2%대로 피어 그룹 대비 가장 낮은 수준이다.

하지만 **당장 배당수익률보다 배당금과 주가의 빠른 상승을 원한다면, 신아오가스에 투자하는 것이 좋은 선택이라고 생각한다.** PER 밴드 차트를 보면 피어 그룹 대비 이익이 가장 가파르게 상승하며, 밸류에이션의 상단과 하단이 높게 형성되어 있는 것을 알 수 있다. 현재의 PER 14배 정도면 나쁘지 않은 매수 가격이라고 생각한다.

항화가스

항화가스

기업명	항화가스
주요 사업	유틸리티/Sale&Distribution of Piped Gas
상장일	2005.12.08
상장된 시장	홍콩
종목코드	01083.HK
상장 주식 수	3,159,895천 주
거래 단위	1,000주
홈페이지	http://www.towngassmartenergy.com

중국 도시가스주 톱픽 중 마지막으로 소개할 종목은 항화가스다. 항화가스의 지배 주주는 홍콩중화가스다. 홍콩중화가스는 홍콩의 도시

가스를 독점하는 기업이며, 중국 도시가스 기업들의 지분을 보유하고 있고, 항화가스 지분의 66%를 보유하고 있다.

홍콩중화가스의 지배 주주는 헝지 그룹이다. 헝지 그룹은 홍콩 2대 부호인 리자오지가 설립한 부동산 개발 회사다. 리자오지는 홍콩 최대 부호인 청쿵 그룹의 리자청 회장 등과 함께 홍콩의 4대 부호로, 홍콩 번영을 이끈 대표적인 1세대 경영인이다. 리자오지는 부동산 재벌이지만 주식 투자에서도 높은 수익률을 올리면서 '아시아의 워런 버핏', '아시아 주식의 신神'이라는 별명이 붙기도 했다.

2019년 91세의 나이로 은퇴를 선언하며, 두 아들인 장남 리자제피터 리와 차남 리자청마틴 리에게 경영권을 넘겼다. 장남 리자제가 중국 본토 사업을, 차남 리자청이 홍콩 사업을 주로 담당한다.

항화가스 지배 구조

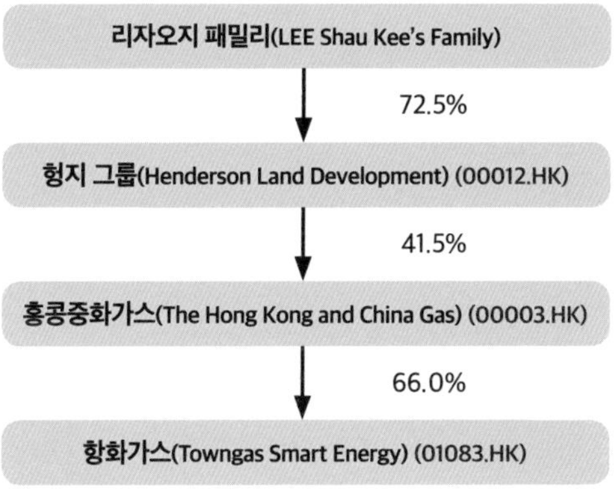

헝지 그룹 부회장인 리자제는 중국 정치 자문기구인 전국인민정치협상회의**정협**의 상무위원으로 활동하고 있어, 중국 본토에 광범위한 인맥을 갖고 있다. 2021년 10월 25일 리자제는 항화가스의 새 회장으로 부임했다.

2021년 항화가스에 많은 이슈가 있었다. 항화가스의 사명이 'Towngas China'에서 'Towngas Smart Energy'로 바뀌었다. 변경된 사명을 보면 앞으로 회사가 나아가고자 하는 방향을 알 수 있다. 2021년 연간보고서를 보면 향후 5년간 신재생에너지에 엄청난 투자가 진행될 것을 예고하고 있다.

현재 대부분 이익이 가스 사업에서 발생하고 있는데, 2025년에 신재생에너지 부문의 이익을 가스 부문과 같은 수준까지 끌어올리겠다는 야심 찬 계획이 언급되어 있다.

리자제가 회장으로 임명되던 2021년 10월 25일 항화가스는 Affinity Equity Partners사로부터 28억 홍콩 달러를 조달한다고 발표했다. 이는 원화로 약 4,340억 원에 해당하는 금액이다. 자본 조달 구조를 보면, 5.0HKD에 116,783,333주를 신주 발행했다. 그리고 전환사채를 발행하여 22억 홍콩 달러를 조달했으며, 만기 5년에 이자는 1%다. 전환사채의 주식 전환가는 6.33HKD이다**참고로 2022년 9월 1월 기준 주가는 3.40HKD이다.**

조달한 자금은 대부분 태양광발전 사업에 투입될 것으로 예상된다. 중국에는 2,600여 개의 산업단지가 있으며, 이 산업단지에서 배출하는 탄소 배출량은 중국 전체의 60%를 차지한다.

항화가스 5년 계획

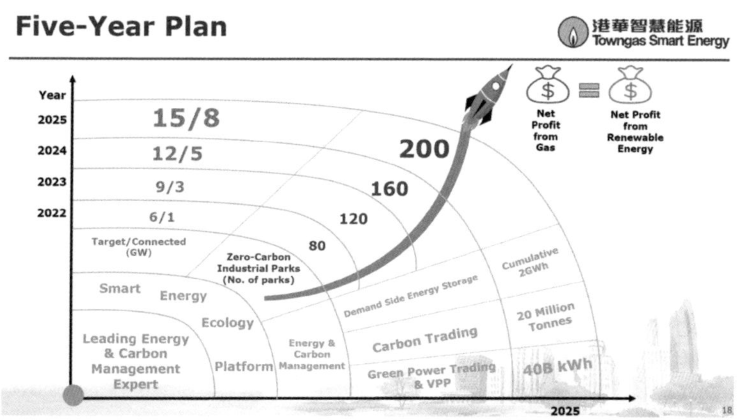

출처 : 항화가스 IR 자료

항화가스는 2025년까지 약 200개의 산업단지에 스마트에너지 솔루션을 제공하는 것을 목표로 하고 있다. 동사의 5년 계획 세부 내용을 보면 2022년까지 80개의 산업단지에 6GW의 분산형 태양광발전소를 설치하고, 2025년까지 산업단지 200곳에 15GW의 분산형 태양광발전소를 설치할 예정이다.

기업의 가치는 이익과 멀티플배수에 의해 만들어진다. 이익이 증가하면 기업의 가치는 당연히 증가한다. 그리고 기업에 대한 투자자들의 기대감밸류에이션이 높아지면 기업의 가치는 올라간다.

도시가스 기업이 신재생에너지 산업에 공격적으로 투자하는 것은 투자자들의 기대감을 높일 수 있는 '재평가Re-rating' 요인이 된다. 시장에서 형성된 도시가스주의 평균 밸류에이션보다 신재생에너지 기업들의 평균 밸류에이션이 훨씬 높게 형성되어 있다. 신재생에너지 부문의 비중이 증가할수록 동사의 밸류에이션도 빠르게 높아질 것으로 예상된다.

가스 업체들은 정부로부터 해당 지역의 사업권을 획득하여 사업을 영위한다. 가스 부문에서 이미 확보된 고객과 안정적인 현금 흐름을 활용하여 신에너지 부문에 투자하는 시너지를 발휘할 수 있다.

또한 항화가스는 2020년 10월 27일에 상하이가스와 전략적 협력을 체결한 바 있다. 항화가스와 상하이가스가 25%씩 지분을 교환했으며, 2021년 7월에 자본 주입이 완료되었다. 항화가스의 1,500만에 달하는 고객과 상하이가스 고객 620만이 더해져 2,100만이 넘는 고객을 확보하게 되었다. 두 기업은 가스 공급, 신재생에너지 투자 및 확장된 사업에서 시너지를 발휘할 전망이다.

항화가스의 배당 지급 추이를 보면, 2008년부터 꾸준히 증가하다가 최근 5년간 정체되어 있다. 해당 기간 이익이 정체되어 있어서 배당금

상하이가스와 지분 교환을 통한 전략적 협력

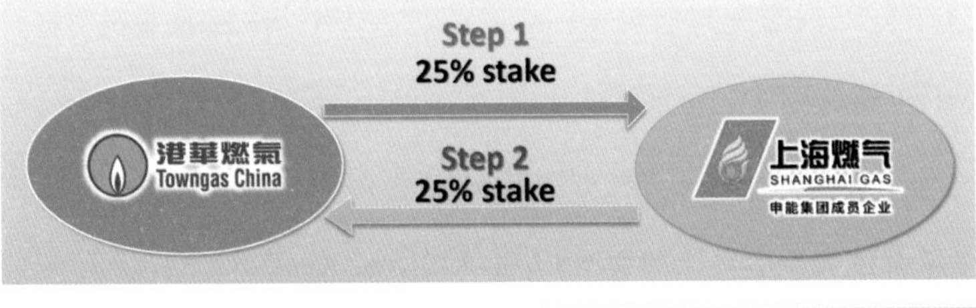

출처 : 항화가스 IR 자료

항화가스 배당금 및 배당 성향 추이

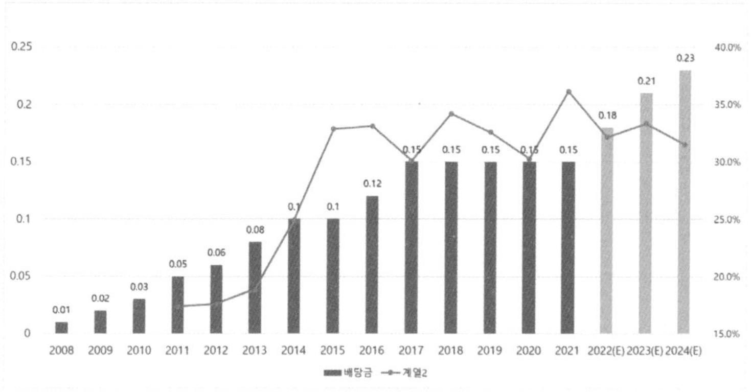

단위 : HKD

을 인상하지 않은 것으로 보인다.

하지만 향후에는 새로운 성장 동력과 함께 전문가들의 컨센서스처럼 이익과 배당이 증가할 것으로 기대된다.

동사의 PER 밴드 차트를 보면, 피어 그룹 경쟁사들 대비 과거 이익 성장이 저조한 것을 알 수 있다. 밸류에이션이 높을 때는 20배, 낮을 때는 7배 수준에서 거래되었으며 현재 주가는 역사적 저평가 구간에 위치해 있다. **동사는 가스 부문과 신에너지 부문의 시너지를 통해 이익이 빠르게 증가할 것으로 예상된다.**

이는 밸류에이션 재평가 요인이며, 지금의 두 배 수준인 PER 15배 정도의 평가는 충분히 받을 수 있다고 생각한다.

항화가스 PER 밴드 차트

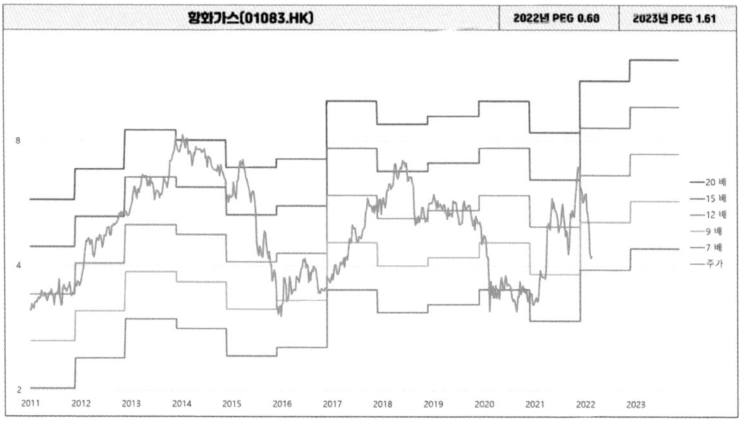

단위 : HKD

원금을 보존하면서 연금처럼 투자하는

중국 배당주 투자로 ‘돈 걱정 없이 살아라!’

· PART 05 ·

"중국 주식 투자, 아는 만큼 보이고 보이는 만큼 성공합니다!"

한국보다 주주 친화적인 중국 주식 시장

주식회사의 주인은 주주다. 기업이 이익을 내면 기업의 주인인 주주들과 나누는 것이 당연하다. 이익의 일부를 주주들에게 현금으로 배당하여 직접적으로 이익을 나눌 수 있다. 이때 지급한 배당금이 전체 이익에서 차지하는 비율을 '배당 성향'이라고 한다.

또한 기업은 발생한 수익의 일부를 자사주 매입에 사용할 수도 있다. 자사주를 매입하면 시중에 유통하는 주식 수가 줄어들어 주가가 올라가는 효과가 있다. 매입한 주식을 소각한다는 공시가 나면 이는 강력한 호재로 작용한다. 총 주식 수가 줄어드는 만큼 주당 가치가 올라가기 때문에 주가는 단번에 이를 반영한다.

배당금을 지급하고, 자사주를 매입하는 등 직간접적으로 주주들과 이익을 나누는 것을 '주주환원 정책'이라고 한다. 주주환원율이 높다는 것은 그만큼 주주들에게 돌아가는 몫이 크다는 것이고, 이는 기업의 가치를 높이는 가장 중요한 요소다.

안타깝게도 우리나라 상장사의 평균 주주환원율은 세계 최하위권에 속한다. 다음 표는 2011년부터 2017년까지 주주환원율의 평균값을 나타낸 것이다. 세계 평균 주주환원율은 73%고, 우리나라는 18%다. 충격적인 수준이다. 미국은 주주환원율이 무려 97%에 달한다. 기업들이 이익의 평균 40%를 배당금으로 지급했으며, 57%의 자금을 자사주 매입에 사용했다.

주주환원은 모든 주주에게 공평하다. 보유 주식 수가 많든 적든 주당 가치 상승은 동일하고, 받게 되는 주당배당금도 동일하기 때문이다.

국가별 주주환원율

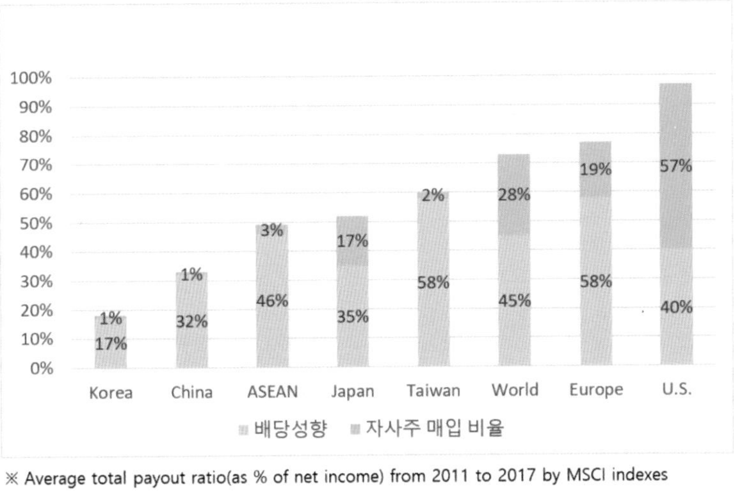

※ Average total payout ratio(as % of net income) from 2011 to 2017 by MSCI indexes

반대로 사내 유보된 자금은 주로 사업 확장 및 R&D 등에 투자되지만, 소액 주주들의 권리를 침해하면서 지배 주주에게만 이로운 방향으로 자금이 사용될 수도 있다.

그래서 **주주환원율이 높다는 것은 주식 시장이 얼마나 성숙하고, 주주 친화적인지를 알 수 있는 지표라고 할 수 있다.**

필자가 중국 주식에 투자하면서 주변 사람들에게 가장 많이 받는 질문 중 하나가 '불안하지 않느냐'는 것이다. 우리나라 일반 대중들이 갖고 있는 인식과는 다르게 중국 주식 시장의 주주환원율은 우리나라보다 훨씬 높다. 미국, 유럽, 일본과 총 주주환원율을 비교하면 아직 많이 낮은 수준이지만, 직접적으로 현금을 지급하는 '배당 성향'만 놓고 보면 미국40%, 일본35% 등에 크게 뒤처지지 않는 수준이다.

중국 정부는 주식 시장의 건전성을 높이고, 투자자들의 장기 투자수익을 높이기 위한 우호 정책들을 시행했다. 중국증권감독관리국CSRC은 국유 기업SOE의 배당 성향을 높이기 위해 반강제적인 규정을 시행했다. 배당금 지급 요건을 충족하지 않는 상장 기업은 재융자Refinancing를 해주지 않는 것이다.

'역시 공산당이다!'라고 생각할 수 있지만, 소액 주주의 권리를 보호할 수 있는 좋은 정책이라고 생각한다. 개인적으로 우리나라도 시행했으면 하는 바람이다.

2008년에 처음으로 최저 지급 요건을 설정했는데, 상장하기 전 3년 동안 3년 평균이익의 20% 이상을 배당금현금 배당 & 주식 배당으로 지급해야 한다는 것이었다. 그리고 2008년에는 주식 배당을 제외한, 현금 배당 성향 기준을 30%까지 증가시켰다. 우리나라 투자자들은 중국 주식에 대한 막연한 불안감을 가지고 있는데, 정작 중국의 주식 시장은 우리나라보다 더 주주 친화적인 정책을 기업들에게 요구하고 있다.

우리나라 주식 시장의 낮은 주주환원율은 '코리아 디스카운트'의 주된 요인이다. 많은 투자 전문가들이 '가치 투자'를 이야기하지만, 소액주주들에게 불리한 제도가 개인 투자자들의 단기 트레이딩을 부추기는 것 같아 안타깝다. 특히 배당금이 2,000만 원을 넘으면 종합소득세로 과세하는 것은 투자자들의 가치 투자, 장기 투자를 막고 있는 큰 요인이다. 또한 국내 기업들의 배당 성향이 낮은 이유기도 하다.

종합소득세의 최대 세율은 45%10억 원 초과에 달한다. 준조세를 포함하면 절반 이상을 세금으로 납부해야 하므로, 대주주는 배당 성향을 높이고 싶지 않을 것이다. 배당금에 대한 세금을 낮춰 주는 것이 부자들을 위한 혜택이라고 생각할 수 있지만, 이는 모든 투자자를 위한 것이다. 배당소득세가 분리 과세로 바뀐다면, 배당 성향도 높아지고 그에 따른 기업의 밸류에이션도 높아지게 될 것이다.

중국 주식 시장의 경우는 어떨까? 2005년까지 중국 주식 시장은 시세 차익에 대한 양도소득세는 없지만, 배당금에 대해서는 세금 20%가 부과되었다. 장기 투자를 장려하고, 건전한 투자 문화를 조성하기 위해 배당소득세 또한 보유 기간에 따라 점차 혜택을 줬다.

2005년부터 주식을 한 달 이상 보유 시 배당소득세를 20%에서 10%로 낮췄다. 그리고 2013년부터는 1년 이상 보유 시 배당소득세를 5%로 낮췄으며, 2015년 9월 8일부터는 1년 이상 보유하면 배당금에 대

중국 내국인 투자자의 배당금에 대한 세율 변화

TAX TYPE	HOLDING PERIOD OF SHARES	BEFORE 2005	2005 TO 2012	2013 TO SEPT. 7, 2015	AS OF SEPT. 8, 2015
Capital Gain	Any	0%	0%	0%	0%
Cash Dividend	≤ 1 month	20%	20%	20%	20%
	1 month to 1 year	20%	10%	10%	10%
	>1 year	20%	10%	5%	0%

출처 : S&P Dow Jones Indices LLC.

한 세금을 전액 면제해줬다.

우리나라 우량 기업들의 배당 성향 추이를 찾아보면 대부분 기업이 들쑥날쑥하다. 노후를 위한 배당주 투자에서 가장 중요한 것이 배당금의 지속성과 안정성인 것을 고려하면, 국내 기업 중 매력적인 배당주가 흔치 않다. 반면 중국 기업들은 배당 성향이 일정하거나 꾸준히 우상향하는 기업들이 많다.

우리나라 주식 시장의 주주환원율이 최하위권이라는 것은 안타까운 현실이자, 중국과 미국 투자의 필요성을 느끼게 하는 부분이다.

중국 본토A주, 홍콩H주 그리고 ADR주

중국 기업들이 주로 상장되어 있는 곳은 중국, 홍콩, 미국이다.

중국 본토에는 상하이, 선전, 베이징 3대 증권거래소가 있다. 상하이거래소와 선전거래소는 1990년 12월에 설립되었으며, 선진국들 대비 역사가 길지 않다. 상하이거래소 내에 메인보드와 커촹판이 있으며, 선전거래소 내에 메인보드와 중소판, 창업판이 있다. 현재 외국인 개인 투자자들에게 상하이거래소와 선전거래소의 메인보드만 개방되어 있다.

메인보드는 또 A주와 B주로 나뉜다. A주는 내국인 전용, B주는 외국인 전용이었으나, 2014년에 후강퉁**상하이-홍콩 교차 거래**을 시행하며 상해A주 거래가 가능하게 되었다.

그리고 2016년 선강퉁**선전-홍콩 교차 거래**을 시행하며 선전A주 거래도 가능하게 되었다. 외국인들의 A주 거래가 가능하게 되자, 소수 종목만 상장되어 있던 외국인 전용 B주는 유명무실하게 되었다. 그래서 보통 언론에서 중국 본토 주식을 이야기할 때 '중국A주'라는 표현을 쓰는 것이다.

참고로 베이징거래소는 2021년 11월 15일에 설립되었으며, 베이징

국가	거래소	구분		특징
중국 (본토)	상하이증권거래소 (1990.12.19 설립)	메인 보드	상해A주	• 내국인 전용 • 외국인 투자자 허용(개인 투자자는 '후강퉁' / 기관 투자자는 QFII/RQFII 통해서)
			상해B주	• 외국인 전용 / 2001년부터 내국인 투자 허용 • 상장 종목 수가 적으며, 후강퉁 시행 이후 유명무실
		커촹판		• 과학기술주 전용 / 외국인 기관 투자자만 허용(QFII/RQFII)
	선전증권거래소 (1990.12.01 설립)	메인 보드	심천A주	• 내국인 전용 • 외국인 투자자 허용(개인 투자자는 '선강퉁' / 기관 투자자는 QFII/RQFII 통해서)
			심천B주	• 외국인 전용 / 2001년부터 내국인 투자 허용 • 상장 종목 수가 적으며, 후강퉁 시행 이후 유명무실
		중소판		• 중소 기업 전용 / 외국인 기관 투자자만 허용(QFII/RQFII)
		창업판		• 중소·벤처 기업 전용 / 외국인 기관 투자자만 허용(QFII/RQFII)
	베이징증권거래소 (2021.11.15 설립)	정선층* (신삼판에서 엄선)		• 신삼판의 가장 프리미엄 기업을 대상으로 만들어진 증권거래소 • 중소 혁신 기업에 대한 자금 지원이 목적
	장외 시장 (비상장 주식 거래)	신삼판		• 하이테크 기업 및 벤처·중소 기업 전용 공개 장외 시장

※ 정선층, 혁신층, 기초층으로 나뉜다. 기초층 기업이 일정 조건을 갖추면 혁신층으로, 혁신층 기업이 일정 조건을 갖추면 정선층으로 업그레이드되는 방식이다. 정선층이 가장 프리미엄 등급 기업이다.

에서 운영되던 중소 기업 전용 장외 주식 시장인 신삼판에 상장된 기업 중 우수한 기업을 대상으로 만들어진 증권거래소며 외국인은 투자가 불가능하다.

1990년대와 2000년대 초에 중국 정부는 전략적으로 대형 국유 기업들을 홍콩 주식 시장에 상장했다. 이는 당시 중국 본토 주식 시장보다 홍콩 주식 시장이 제도적으로 성숙했고, 외부 투자 자금을 모집하기에도 유리했기 때문이다. 해외 전략적 투자자들도 투자 자금을 회수하기 유리한 홍콩 주식 시장에 상장하는 것을 선호했다.

홍콩 주식 시장에 상장하는 지분은 일반적으로 외국계 지분 한도 25%를 넘지 않는 범위에서 상장했으며, 이후에 대부분의 기업이 중국 본토에서 추가 상장했다. 그래서 대부분 대형 국유 기업들은 홍콩과 중국 본토에 동시 상장되어 있다.

홍콩거래소 내에서도 H주, R주, 항셍주 등 구분이 다양하지만, '홍콩H주'가 홍콩에 상장된 중국 기업들의 대명사로 쓰이고 있다.

국가	거래소	구분		특징
홍콩	홍콩증권거래소 (1891년 개장)	메인보드	H주	• 중국에 설립된 기업의 홍콩 상장 주식 • 자본(모기업)과 등록지 모두 중국
			레드칩 (R주)	• 중국 국유 기업 해외 법인의 홍콩 상장 주식 • 자본(모기업)은 중국, 등록지는 홍콩
			항셍주	• H주와 R주를 제외한 홍콩 및 외국 기업 주식
		GEM		• 메인보드 상장은 적합하지 않으나, 성장성이 높은 중소 기업이 상장

지난 20년 동안 중국의 기술주들은 미국 주식 시장에 대거 상장했다. 지금은 제도 개선이 많이 되었지만, 해당 기업들이 미국 증시에 상장할 때만 해도 기술력은 있지만 재무 건전성이 좋지 않은 기업들은 중국 본토에 상장하는 것이 힘들었기 때문이다. 게다가 미국 증시만큼 기술주에 대한 평가가 후한 나라가 없기 때문에 좋은 밸류에이션으로 상장할 수 있었다.

외국 기업이 미국에 상장할 때는 주로 ADR의 형태로 상장한다. ADRAmerican Depositary Receipts은 외국의 은행, 신탁 회사 등이 보유한 외국 주식의 원주를 근거로 발행하는 미국 예탁증서다.

ADR로 거래하면 주권 수송 및 각종 절차의 번거로움, 분실과 도난 등의 불편함이 없다는 장점이 있다. 알리바바, 징동닷컴, 핀둬둬, 바이두, 니오 등 많은 중국 기업들이 ADR 형태로 미국에 상장했다.

그런데 2020년 12월 미국 증권거래위원회SEC는 외국 기업 책임법HFCAA을 시행하면서 ADR 기업에 큰 악재로 작용했다. 외국 기업 책임법은 미국 증시에 상장한 외국 기업이 3년 연속 미국 감리기관PCAOB의 심사를 통과하지 못할 경우 미국 증권위원회가 상장 폐지할 권한을 가질 수 있는 법안이다.

중국 정부는 2019년 '증권법'을 개정해 정부의 승인 없이는 자국 회사가 자의적으로 외국 당국에 회계 자료를 제출할 수 없도록 했다. 그래서 중국 ADR 기업들은 미국 증권위원회의 규제를 피하기 어려운 상황에 직면했다.

가장 좋은 해결책은 상장 폐지가 결정되기 전에 홍콩이나 중국 본토

거래소에 2차 상장을 하는 것이다. 이미 알리바바, 바이두, 징동닷컴 등 많은 기업이 홍콩거래소에 2차 상장을 했다. 유망한 중국 ADR 기업들이 홍콩에 2차 상장을 하면서, 이제는 굳이 불확실성을 안고 미국에 상장된 ADR 주식에 투자할 필요가 없어졌다.

ADR 규제에 따른 과도한 주가 하락은 해당 종목을 홍콩거래소에서 좋은 가격에 살 기회라고 생각한다.

투자하고 싶은 종목이 중국 본토에 상장되어 있으면 위안화로 환전하여 A주에 투자하면 되고, 투자하고 싶은 종목이 홍콩에 상장되어 있으면 홍콩달러로 환전하여 H주에 투자하면 된다. 중국 본토와 홍콩에 동시 상장된 종목은 A주와 H주 중 어디에 투자하는 것이 좋을까?

같은 종목인데 주가는 다른 A/H 동시 상장주

129개의 중국 기업이 중국 본토와 홍콩 증권거래소에 동시 상장되어 있다2020년 11월 기준. 산업 분포를 보면 금융 부문은행, 증권, 보험이 차지하는 비중이 62.6%로 압도적으로 많고, 산업 부문8.4%과 에너지 부문8.3%이 그 뒤를 잇는다.

해당 기업들의 A주와 H주는 동일한 권리가 있는 주식임에도 불구하고 다른 가격에 거래된다. 이를 'A/H 프리미엄'이라고 하며, 계산 방식은 표와 같다.

이 값이 양수이면 중국 본토에서 더 비싸게 거래된다는 의미고, 이 값이 음수이면 홍콩에서 더 비싸게 거래된다는 것을 의미한다. 관심 종목을 직접 계산해봐도 되지만, 증권사 HTS에서 종목별 A/H 프리미엄을 확인할 수 있다.

중국 본토와 홍콩 동시 상장 기업의 산업 분포

Sector	No. of companies	Total market value(RMB billion)	Share in terms of market value
Materials	13	1,143.3	5.1%
Real estate	3	403.9	1.8%
Industrials	35	1,899.2	8.4%
Utilities	7	352.6	1.6%
Financials	33	14,152.8	62.6%
Consumer discretionary	8	1,014.0	4.5%
Energy	9	1,866.6	8.3%
Comsumer staples	3	137.5	0.6%
Information technology	5	674.1	3.0%
Medical and healthcare	13	971.5	4.3%
Total	129	22,615.5	100%

※ Source : Wind, as og 20 Nov 2020

다음 페이지에 나오는 〈A/H 프리미엄〉에서 프리미엄이 가장 높은 종목은 징청기전이다. 상하이거래소에 코드번호 '600860'으로 상장되

A/H 프리미엄 계산 : H주에 대한 A주의 프리미엄 계산 방식

H주 환산가 = H주 현재가 x 환율(HKD/CNY)

$$\text{프리미엄(\%)} = \frac{\text{A주 현재가} - \text{H주 환산가}}{\text{H주 환산가}} \times 100$$

※ 프리미엄이 클수록 A주가 H주에 비해 고평가되고 있음을 뜻한다.
※ 프리미엄이 작거나 음수일 때, A주가 H주에 비해 저평가되고 있음을 뜻한다.

A/H 프리미엄

[9421] AH 프리미엄 순위

A-H 괴리 | H-A 괴리

⊙상해 ○심천 | ⊙상위 ○하위 | 환율 : U.81 HKD/CNY | H-A주 안내 | 조회

순위	종목명	중국 A주(15분 지연)			홍콩 H주(15분 지연)				A-H괴리 (CNY)	프리미엄 (%)
		코드	현재가	대비	코드	환산가(CNY)	현재가	대비		
1	징청기전	600860	19,830	▼ 1,820	00187	3,395	4,180	▼ 0,230	16,43	484,03
2	시노펙오일필드	600871	2,000	0	01033	0,520	0,640	▲ 0,010	1,48	284,72
3	제일트랙터	601038	11,980	▲ 0,790	00038	3,452	4,250	▲ 0,170	8,53	247,02
4	CSSC군수장비	600685	16,610	▼ 0,270	00317	4,817	5,930	▲ 0,080	11,79	244,83
5	베이천	601588	3,000	▲ 0,120	00588	0,958	1,180	▼ 0,020	2,04	212,99
6	다롄항	601880	1,770	▲ 0,010	02880	0,601	0,740	▲ 0,010	1,17	194,46
7	숭마오전자	600775	8,330	▼ 0,170	00553	2,835	3,490	▼ 0,030	5,50	193,84
8	청위고속도로	601107	4,760	▲ 0,150	00107	1,633	2,010	▲ 0,030	3,13	191,54
9	진위그룹	601992	3,140	▲ 0,020	02009	1,080	1,330	▲ 0,020	2,06	190,65
10	황예환경보호	600874	7,730	▲ 0,450	01065	2,713	3,340	▲ 0,060	5,02	184,92
11	중국교통건설	601800	10,040	▲ 0,470	01800	3,639	4,480	▲ 0,200	6,40	175,90
12	중국인수보험	601628	27,060	▲ 0,550	02628	9,959	12,260	▲ 0,180	17,10	171,72
13	장성자동차	601633	26,340	▲ 0,100	02333	9,861	12,140	▲ 0,200	16,48	167,11

출처 : 미래에셋증권 HTS

어 있으며, 홍콩거래소에 코드번호 '00187'로 상장되어 있다. 동사의 A/H 프리미엄은 무려 484%나 된다.

익숙한 종목으로 하나 더 보자. 프리미엄이 높은 순서 12위에 중국인수보험이 랭크되어 있다. 동사의 상하이거래소 코드번호는 '601628'이고, 홍콩거래소 코드번호는 '02628'이다. 중국인수보험의 A/H 프리미엄은 171%다. 중국인수보험 A주 가격은 27.06위안이고, H주의 위안화 환산 가격은 9.959위안이다.

2021년 주당배당금은 0.65위안으로 동일하다. A주에 투자하면 배당수익률이 2.4%고, H주에 투자하면 배당수익률이 6.5%다. 흥미롭지 않은가?

앞에서 언급했던 종목 중 상해제약의 A/H 프리미엄은 89%고, 칭다

오맥주의 A/H 프리미엄은 60%다. 왜 이렇게 과도한 프리미엄이 발생하는 것일까?

중국 본토 주식 시장은 외국 투자자들에게 완전히 개방된 시장이 아니다. 그뿐만 아니라 중국 내국인들의 홍콩 주식 투자도 완전히 자유롭지는 않다. 그래서 **동일한 종목임에도 불구하고, 외국계 기관 투자자의 비중이 큰 홍콩 주식 시장과 개인 투자자의 비중이 큰 중국 본토 주식 시장에서 밸류에이션이 다르게 평가되고 있다.**

참고로 홍콩에 2차 상장한 중국 ADR 기업들은 양 시장 간의 전환이 자유롭기 때문에 프리미엄이 거의 발생하지 않는다.

홍콩 주식 시장의 각종 지수를 제공하는 Hang Seng Indexs Company는 2007년 7월 9일에 'A/H 프리미엄 지수'를 출시했다. 이 지수를 통해 A/H 동시 상장주의 전반적인 프리미엄 흐름을 참고할 수 있다.

지수 차트를 보면, 2008년 금융 위기가 발생하면서 중국 본토의 프리미엄이 빠르게 줄어들다가 100 아래로 떨어진 해도 있다. 2014년 11월 후강퉁을 시행하면서 중국 본토의 프리미엄은 다시 높아졌으며, 최근 5년간의 평균 지수는 131이다. A/H 프리미엄이 31%라는 의미다. 중국 본토 증시가 완전히 개방되기 전까지는 괴리가 해소되지 않을 것으로 예상된다.

간혹 증권사에서 동시 상장된 종목을 소개하면서 프리미엄이 많이 붙어 있는 A주를 소개하는 경우를 종종 보게 된다. A주와 H주 둘 다 투자가 가능하면 싸게 거래되는 시장에서 투자하는 것이 당연한데, 왜

A/H 프리미엄 차트

출처 : 미래에셋증권 HTS

H주가 아닌 A주를 소개하는지 의문이 든다.

필자가 최근에 본 보고서의 종목은 A/H 프리미엄이 100%였다. H주에 투자하면 배당수익률이 5%였고, A주에 투자하면 배당수익률이 2.5%였는데 그 보고서는 A주를 소개하는 자료였다.

증권사 HTS 해외 기업 정보 화면에서 종목을 검색하면 동시 상장 여부를 확인할 수 있다. 동시 상장된 종목이 100개가 넘으니, 혹시 내가 투자하려는 중국 주식이 홍콩에도 상장되어 있는 것은 아닌지 투자하기 전에 꼭 확인해보면 좋을 것 같다.

홍콩 달러와 위안화에 대하여

중국 주식에 투자할 때, 홍콩거래소에 상장되어 있는 종목은 홍콩 달러HKD로 거래하고, 중국 본토거래소에 상장되어 있는 종목은 위안화CNY로 거래한다.

'불가능한 삼위일체 이론'을 통해 홍콩 달러와 위안화의 특징을 알아보자. 불가능한 삼위일체Impossible trinity는 국제 자본 시장에서 다음 세 가지를 동시에 달성할 수 없다는 개념이다.

① **자유로운 자본의 이동**Free capital flow

② **안정적인 환율**Fixed exchange rate

③ **독립적인 통화 정책**Sovereign monetary policy

불가능한 삼위일체

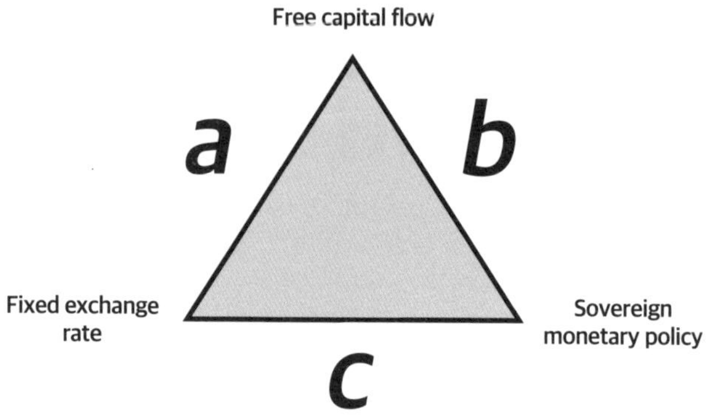

우리나라를 포함한 대부분 국가는 세 가지 중 '자유로운 자본의 이동'과 '독립적인 통화 정책'을 적용하고 있다. 즉 b축에 해당한다.

자본 시장이 완전히 개방된 상태에서 '안정적인 환율'과 '독립적인 통화 정책' 둘 다 만족시키는 것은 불가능하다. 세 가지를 모두 취하려고 했던 국가들은 어김없이 위기를 맞이했다. 대표적인 사례가 멕시코 페소 위기1994, 아시아 금융 위기1997, 아르헨티나 금융 붕괴2001다.

특히 1997년 외환 위기는 우리나라가 겪었던 뼈아픈 과거다. 1997년 외환 위기를 겪기 전까지 우리나라는 관리변동환율제를 적용하고 있었다. 관리변동환율제는 환율을 안정시키기 위하여 정부가 외환 시장에 개입하는 제도며, 고정환율제와 비슷하다.

1990년대 들어서면서 우리나라는 자본 시장의 자유화가 빠르게 진행되었으며, 이 시기에 '자유로운 자본의 이동', '안정적인 환율', '독립적인 통화 정책'을 전부 적용했었다. 하지만 1997년 대규모 자본 유출에 따른 원화 약세를 방어하기 위해 금융 당국이 외환 보유고를 소진하면서 IMF 구제 금융 요청에까지 이르게 된다. 이후 우리나라는 자율변동환율제를 적용하고 있다.

우리나라와 마찬가지로 대부분 국가가 B를 적용하고 있지만, 홍콩은 A를 중국은 C를 적용하고 있다.

홍콩은 '아시아의 금융 허브' 역할을 하고 있다. 전 세계 금융 기업들이 홍콩을 거점으로 아시아에 진출해 있다. 금융 허브 역할을 하기 위해 가장 중요한 것이 환율의 안정성이다. 홍콩은 현재 미국 달러에 연동된 페그제고정환율제를 적용하고 있다. 1달러당 7.75~7.85 홍콩 달러 내에서 움직이도록 관리하고 있다.

고정된 밴드 내에서 환율이 유지될 수 있도록 통화 정책을 이행하고 있다. 즉 '독립적인 통화 정책'을 펼칠 수 없다는 것이다. 홍콩이 경기가 좋아서 금리를 올리고 싶어도, 미국이 금리를 낮추면 달러 페그를 유지하기 위해 홍콩은 이를 거스를 수 없다. 홍콩의 부동산 시장에 엄청난 거품이 만들어져도 미국이 금리를 올리지 않으면, 홍콩은 물가 상승을 막기 위한 통화 정책을 독단적으로 시행할 수 없다는 어려움이 있다.

그럼에도 불구하고 '달러 페그제'를 유지하는 것이 이점이 훨씬 더 크기 때문에 포기할 수 없는 부분이다. 그래서 원화 대비 달러가 1% 오르면 홍콩 달러도 1% 오르고, 달러가 1% 하락하면 홍콩 달러도 1% 하락한다.

홍콩에 상장되어 있는 주식에 투자하는 우리나라 투자자들 입장에서는 홍콩 달러가 미국 달러에 페그되어 있는 것이 아주 매력적이다. 세계 경제에 충격이 올 때마다 달러와 홍콩 달러는 원화 대비 급등했다. 해당 기간에 홍콩 달러를 보유하고 있었다면, 엄청난 환차익을 얻었을 것이다. 또한 홍콩에 상장된 주식을 보유하고 있었다면 주가는 크게 하락했겠지만, 홍콩 달러 급등에 따른 원화 평가 손실은 크게 방어가 되었을 것이다.

중국은 G2 경제 대국이자 약 3.2조 달러에 달하는 세계 최대 외환보유고를 자랑한다. 위안화도 홍콩 달러와 마찬가지로 세계 경제에 충격이 왔을 때, 원화 대비 가치가 급등한 것을 볼 수 있다.

홍콩 달러 / 원 환율 차트

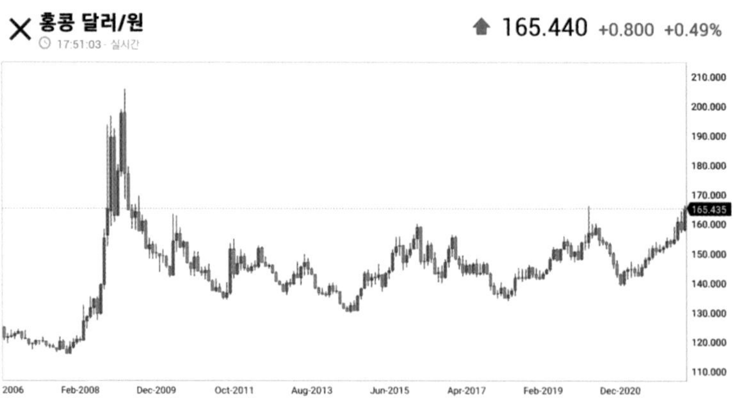

출처 : 인베스팅닷컴

중국은 '안정적인 환율'과 '독립적인 통화 정책'을 펼치고 있으며, 이를 위해 '자유로운 자본의 이동'을 제한하고 있다. 중국은 현재 관리변동환율제를 적용하고 있으며, 정부가 개입하여 환율을 관리하고 있다.

중국의 자본 시장이 완전히 개방되면 환율 정책은 자율변동환율제로 바뀔 것으로 예상되지만, 부작용에 대한 우려로 중국 정부는 자본 시장을 최대한 서서히 개방할 것이다.

글로벌 금융 위기가 오지 않길 바라지만, 향후 **국제 금융 시장에 충격이 온다면 홍콩 달러와 위안화는 원화 대비 초강세를 보일 가능성이 높다. 그래서 주가가 하락할 때, 환율이 상승하는 만큼 원화 평가 손실이 줄어드는 장점이 있다.**

중국 위안 / 원 환율 차트

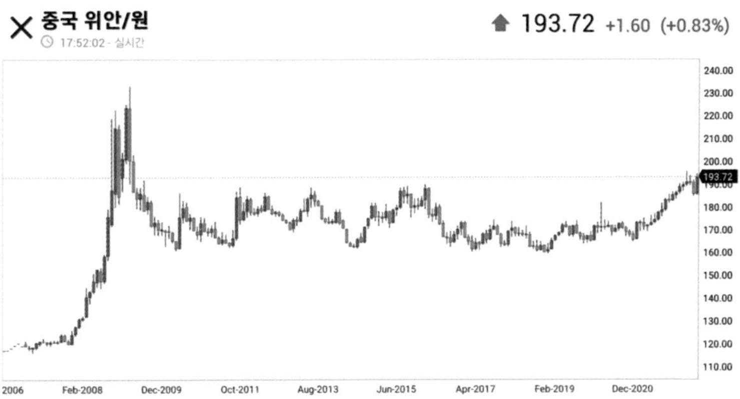

출처 : 인베스팅닷컴

해외 주식 투자 시, 각종 비용에 대하여

해외 주식에 투자할 때 발생하는 비용은 크게 다섯 가지가 있다. ① 매매수수료, ② 환전 비용, ③ 증권거래세 및 제비용, ④ 양도소득세, ⑤ 배당소득세다.

국내 주식과 중국, 홍콩, 미국 시장의 비용을 비교하며 하나씩 들여다보자.

· · ① 매매수수료 · ·

MTS/HTS로 직접 주문하는 온라인 주문과 증권사 직원에게 주문을 요청하는 오프라인 주문이 있다. 매수/매도 시 발생하는 비용이며, 오프라인 주문에 대한 수수료는 국내와 해외가 0.5%로 동일하다.

온라인수수료는 국가별 차이가 있으며, 국내 주식이 0.14%로 가장 저렴하며 다이렉트 계좌에서 주문 시 $\frac{1}{10}$ 수준인 0.014%까지 낮아진다. 중국과 홍콩 주식은 온라인수수료가 0.3%고, 미국 주식은 0.25%다. 다이렉트 계좌도 해외 주식의 매매수수료는 동일하다.

여기까지는 공식적인 매매수수료에 대한 내용이고, 매매수수료는 증권사와 협의가 가능하다. 해외 주식 온라인 매매수수료 0.15% 정도는 조금만 알아보면 협의가 가능하다. 매매수수료 내는 것 자체를 아까워하면 안 되지만, 줄일 수 있는 비용은 최대한 줄여야 한다.

· · ② 환전 비용 · ·

네이버에서 달러 환율을 검색하면, 하나은행 기준과 신한은행 기준이 나온다. 매매 기준 환율이 있고, 현찰을 살 때와 팔 때 그리고 송금을 보낼 때와 받을 때 스프레드를 반영한 금액이 나온다.

하나은행 기준 현찰을 살 때 스프레드는 기준 환율에서 21.46원이 붙고, 송금을 보낼 때 스프레드는 12원이 붙는다. 환전할 때 발생하는 스프레드를 비용이라고 생각하면 되고, 비율로 계산하면 현찰은 1.75% 송금은 0.98%가 발생한다. 이는 환율 우대가 적용되지 않은 비율이며, 고객마다 10~90%의 우대 적용을 받을 수 있다.

증권사 환전 스프레드는 달러 기준 5원으로 훨씬 낮다. 그리고 위안화 스프레드는 0.96원, 홍콩 달러는 0.78원이다. 비율로 계산하면 달러는 0.41%, 위안화와 홍콩 달러는 0.5%다. 이는 우대 적용을 받지 않는 수준이며, 매매수수료와 마찬가지로 고객별로 증권사와 협의하여 우대 적용을 받을 수 있다.

증권사별로 우대 적용률 차이가 있으니, 잘 알아보길 바란다. 이어서 알아볼 ③, ④, ⑤는 세금과 관련된 부분이라 우대가 불가능하다.

· · ③ 증권거래세 및 제비용 · ·

2022년 현재 국내 주식은 매도 시 0.23%의 증권거래세가 부과되며, 점점 낮아질 전망이다. 중국, 홍콩, 미국의 관련 제비용은 제각각이다.

- **중국은 매수 시 약 0.01%, 매도 시 약 0.11%의 제비용이 발생한다.**
- **홍콩은 매수/매도 시 약 0.14%의 제비용이 발생한다.**
- **미국은 매도 시 0.00051%의 제비용이 발생한다.**

미국은 제비용의 거의 발생하지 않으며, 중국은 매수/매도 합쳐서 0.12%로 국내 0.23%의 거의 절반 수준이다. 반면 홍콩은 매수할 때도 0.14%, 매도할 때도 0.14%로 합치면 국내보다 0.05% 비용이 더 발생한다.

· · ④ 양도소득세 · ·

국내 주식은 매매 차익에 대한 양도소득세를 아직은 부과하지 않고 있으며, 해외 주식에 대해서는 동일하게 22%지방세 포함를 부과하고 있다. 다른 세금과 합산되지 않는 '분류 과세'며, 1년 단위로 손익 통산하여 수익이 발생한 부분에 대하여 과세한다.

예를 들어 1년 동안 두 종목을 매도했는데, A종목에서 2,000만 원을 수익 실현하고 B종목에서 750만 원의 손실을 봤다고 가정해보자. 수익 2,000만 원과 손실 750만 원을 합치면 순수익은 1,250만 원이 된다. 여기서 연간 250만 원의 기본 공제를 적용한 1,000만 원에 대한 양도소득세 22%가 부과된다.

- **1년간 발생한 수익 = 2,000만 원 - 750만 원 = 1,250만 원**
- **연간 기본 공제 = 250만 원**
- **양도소득세에 해당하는 금액 = 1,250만 원 - 250만 원 = 1,000만 원**
- **양도소득세 22% = 220만 원**

현 세법에서는 작년의 손실을 끌어 와서 올해 수익과 손익 상계를 할 수 없다. 즉 작년에 매도 손실이 1,000만 원이었고 올해 매도 수익이 1,000만 원 발생했다면, 연간 단위로 손익 통산하기 때문에 2년 합산 손익이 제로임에도 불구하고 올해 발생한 수익에 대한 양도소득세가 부과된다.

그래서 매년 12월이 되면 세금을 줄이기 위해 손실 난 종목을 팔았다가 재매수하는 것이 해외 주식 투자의 절세 전략으로 활용되기도 한다.

· · ⑤ 배당소득세 · ·

국가별로 투자자들이 최종 납부하는 배당소득세는 거의 비슷하다. 우리나라 주식의 배당금은 14%에 지방세 10%가 추가된 15.4%가 분리 과세로 부과되며 원천 징수된다. 해외 주식의 배당금은 해당 국가에서 배당소득세를 원천 징수하며, 해당 세율이 우리나라 세율 14%보다 낮다면 차이가 나는 부분만큼 국내에서 추가로 부과한다.

중국은 외국인 투자자들의 배당금에 대한 세금을 10% 부과한다. 그리고 국내에서 4.4%를 추가로 부과하여 총 14.4%가 원천 징수된다

4.4%는 국내 14%와 중국 10%의 차인 4%에 지방세 10%가 추가된 세율이다.

홍콩은 주식 배당금에 대한 세금을 부과하지 않는다. 하지만 아쉽게도 국내에서 국내 세율과 해당 국가의 세율 차이만큼 부과하는데, 홍콩은 세금이 없으니 국내와 동일한 15.4%가 국내에 원천 징수된다.

미국은 외국인 투자자들의 배당금에 대한 세금을 15% 부과한다. 그래서 국내 세율 14%보다 높기 때문에 추가로 부과하지 않아서 최종 납부하게 되는 원천 징수 세율은 15%가 된다.

그리고 배당소득과 이자소득이 연간 2,000만 원을 초과하면 전체 금융소득이 종합과세 대상이 된다. 예를 들어 배당금을 3,000만 원 받았

<table>
<tr><th colspan="2"></th><th>한국</th><th>중국</th><th>홍콩</th><th>미국</th></tr>
<tr><td rowspan="3">매매수수료</td><td>온라인(영업점)</td><td>0.14% 이하</td><td rowspan="2">0.3% 이하</td><td rowspan="2">0.3% 이하</td><td rowspan="2">0.25% 이하</td></tr>
<tr><td>온라인(다이렉트)</td><td>0.14%</td></tr>
<tr><td>오프라인</td><td colspan="4">0.5%로 동일</td></tr>
<tr><td colspan="2">환전 비용</td><td>없음</td><td colspan="3">증권사 전신환율</td></tr>
<tr><td rowspan="2">증권거래세
& 제비용</td><td>매수 시</td><td>없음</td><td>0.01087%</td><td>0.13785%</td><td>없음</td></tr>
<tr><td>매도 시</td><td>0.23%</td><td>0.11087%</td><td>0.13785%</td><td>0.00051%
(SEC Fee)</td></tr>
<tr><td colspan="2">양도소득세</td><td>없음</td><td colspan="3">22% 분류과세(250만 원 공제)</td></tr>
<tr><td rowspan="2">배당소득세</td><td>분리과세(원천 징수)</td><td>15.4%</td><td>14.4%</td><td>15.4%</td><td>15.0%</td></tr>
<tr><td>누진세</td><td colspan="4">2,000만 원 초과 시 금융소득 종합과세 대상</td></tr>
</table>

※ 미래에셋증권 기준이며, 증권사마다 약간의 차이가 있을 수 있다.

다면, 2,000만 원을 초과한 1,000만 원만 종합과세에 해당하는 것이 아니라 3,000만 원이 전부 종합과세에 해당한다.

투자할 때 발생하는 각 비용을 잘 이해하고, 줄일 수 있는 부분을 최대한 줄이기 위해 노력하는 것도 투자의 중요한 한 부분이다.

중국 주식 정보, 어디서 무엇을 찾을까?

중국 주식은 주로 중국 본토와 홍콩거래소에 상장되어 있는데, 필자는 홍콩거래소에 상장된 중국 주식 투자를 선호한다. 이유는 크게 두 가지다.

첫째, 중국 본토 대비 밸류에이션이 낮다. A/H 프리미엄에 대한 내용에서 보았듯이 중국 본토와 홍콩에 동시에 상장된 종목들은 대부분, 홍콩에서 더 낮은 밸류에이션에 거래되고 있다.

차이가 과도한 종목도 많다. 홍콩에만 상장되어 있는 종목들도 중국 본토에 상장되어 있는 같은 업종의 종목들과 비교하면 훨씬 낮은 밸류에이션에 거래되고 있다. 중국 본토에 성장성이 높은 종목들이 많이 상장되어 있지만, 높은 배당수익률과 투자의 안전 마진을 고려하면 홍콩에 상장된 종목이 더 매력적으로 다가온다.

둘째, 사업보고서 및 프레젠테이션 자료를 영문으로 제공하는 것이 큰 장점이다. 우리나라 투자자들 대부분이 중국어보다는 영어가 편할 것이다. 홍콩 상장 기업들은 모두 영문보고서를 발간하지만, 중국 본토에 상장된 기업 중에는 중문보고서만 발간하는 기업들도 있다.

그리고 홍콩 상장 기업들은 대부분 영문으로 된 반기보고서와 연간보고서를 발간할 때, 프레젠테이션 자료도 함께 발간한다. 연간보고서를 보는 것이 익숙하지 않은 투자자들은 수백 페이지에 달하는 보고서를 대략적으로 파악하는 것조차 쉽지 않을 것이다.

다행히도 대부분의 홍콩 상장 기업들은 보고서를 수십 페이지로 요약해놓은 프레젠테이션 자료를 함께 발간한다. 보통 30~40페이지로 요약되며, 프레젠테이션 자료는 글보다 차트와 사진이 많기 때문에 자료를 보기에 훨씬 수월하다.

연간보고서와 프레젠테이션 자료는 각 회사 홈페이지에서 볼 수 있다. 홈페이지 주소는 증권사 MTS/HTS에서 종목을 검색하면 알 수 있고, 구글에서 종목의 영문명을 검색하면 대부분 가장 상단에 해당 종목의 홈페이지가 검색 결과로 나온다. 홈페이지에서 Investor Relations IR 카테고리로 들어가면 기업 정보, 재무 정보, 배당 정보, 공시 자료, 연간보고서, 프레젠테이션 자료 등을 볼 수 있다.

다음 화면은 곤륜에너지 홈페이지의 프레젠테이션 카테고리를 캡쳐한 것이다. Annual Results&Interim Results에 대한 프레젠테이션 자료가 업로드되어 있는 것을 볼 수 있다.

기업에 대한 현황 파악은 해당 기업이 발간하는 프레젠테이션 자료

곤륜에너지 IR

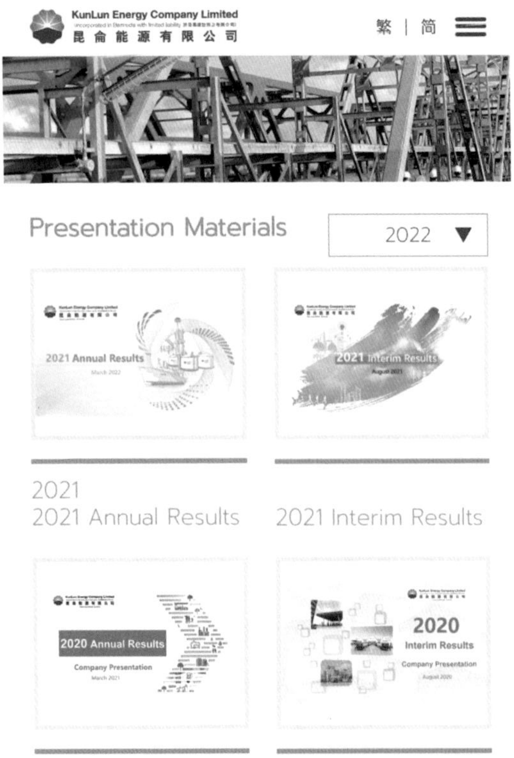

출처 : 곤륜에너지 홈페이지

를 이해하는 것만으로도 큰 도움이 된다. 기업에 대해 깊이 있게 분석해야 비관적일 때 베팅할 수 있고, 하락장에서 잘 버틸 수 있다.

필자는 관심 종목을 분석할 때 가장 먼저 해당 기업의 연간보고서에 대한 프레젠테이션 자료를 들여다본다. 투자자라면 최소한 프레젠테이션 자료를 이해하는 정도의 분석은 필수다.

·· ① 동방재부 어플 ··

동방재부Eastmoney는 중국의 대표 인터넷 경제·금융 정보 플랫폼 종합 운영 업체며, 심천거래소에 상장되어 있다300059.SZ.

구글에서 'eastmoney app'을 검색하면, 어플을 다운받을 수 있는 링크가 나온다. 아쉽게도 해당 어플은 중국어만 지원된다. 필자는 동방재부 어플을 두 가지 용도로 활용한다.

첫째, 관심 종목을 등록해놓고 업데이트되는 관련 기사들을 훑어본다. 글로벌 초우량 기업이 아니면 네이버나 구글에 한글이나 영어로 된 기사가 빠르게 업데이트되지 않거나 아예 기사가 없는 경우도 많다.

주가가 급락하거나 급등했을 때, 동방재부 어플을 통해 이슈에 대한 내용을 빠르게 파악할 수 있다**필자는 구글 번역기를 활용한다.**

둘째, 증권사들이 발간하는 개별 종목에 대한 보고서를 얻을 수 있다. 특

동방재부 1~4 화면 캡쳐

출처 : eastmoney app

히 필자는 초상증권CMS의 영문보고서를 좋아하는데, 초상증권의 고객이 아니면 홈페이지에서 리서치 자료를 볼 수 없다. 다행히 동방재부 어플에서 개별 종목에 대한 리서치 자료 카테고리에서 해당 자료를 얻을 수 있다.

· · ② 위불 어플 · ·

위불 어플은 글로벌 기업들의 각종 정보와 실시간 주가를 볼 수 있는 유용한 어플이다. 앱스토어에서 'WeBull'을 검색하면 쉽게 다운받을 수 있다. 해당 어플의 장점 중 하나는 반응 속도가 매우 빠르다는 것이다. 필자는 매매를 자주 하지 않기 때문에 증권사 어플은 거의 접속하지 않고 위불을 사용하고 있다.

위불 1~4 화면 캡쳐

출처 : WeBull app

글로벌 지수, 환율, 미국 주식과 중국 주식 섹터별 관심 종목 등을 세부적으로 등록해놓고 틈틈이 들여다본다. 배당 지급 일정에 대한 정보도 잘 나와 있어서 애용하고 있다.

· · ③ 마켓스크리너 · ·

마켓스크리너marketscreener.com에서는 글로벌 기업의 개요, 재무 데이터, 지분 구성, 컨센서스 등 다양한 정보를 얻을 수 있다. 필자는 주로 기업의 재무 데이터를 볼 때, 증권사 HTS에서 'FnGuide Global**해외 기업 정보**' 자료를 참고하지만, 정보 제공처마다 조금씩 차이를 보이는 경우가 있어서 마켓스크리너의 데이터와 비교하며 분석한다.

이 사이트의 단점은 몇 번 검색하다 보면 유료 회원으로 가입하라며

마켓스크리너 화면 캡쳐

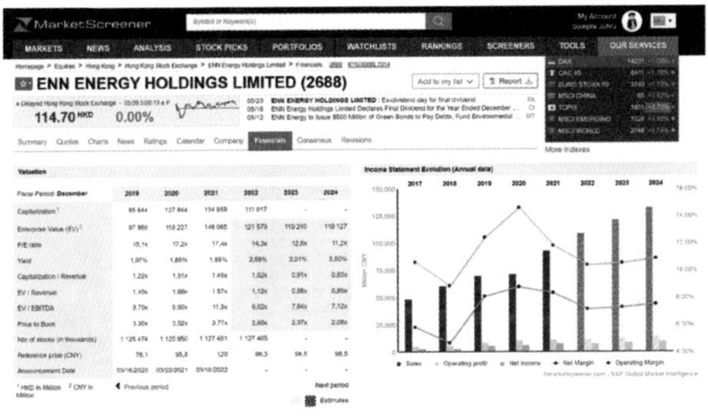

출처 : 마켓스크리너 홈페이지

사용이 중단된다. 한 번씩 접속하여 관심 종목 몇 개를 찾아보기에는 유용하다. 다만 모바일 버전으로 접속하는 것은 제한 없이 계속 사용이 가능하다.

필자는 주로 관심 종목의 재무 데이터와 3년 치 컨센서스를 참고하기 위해 마켓스크리너를 활용하고 있다.

· · ④ CMB International cmbi.com.hk/en-US/ · ·

CMB International은 초상은행 산하의 금융 기업이다. 필자가 중국 기업에 대한 자료를 찾다가 우연히 동사 홈페이지에 방문하게 되었는데, 리서치 자료가 모두 오픈되어 있는 것을 보고 너무 반가웠다.

회원 가입 없이 홈페이지에서 최신 리서치 자료를 다운받을 수 있으

CMB International 화면 캡처

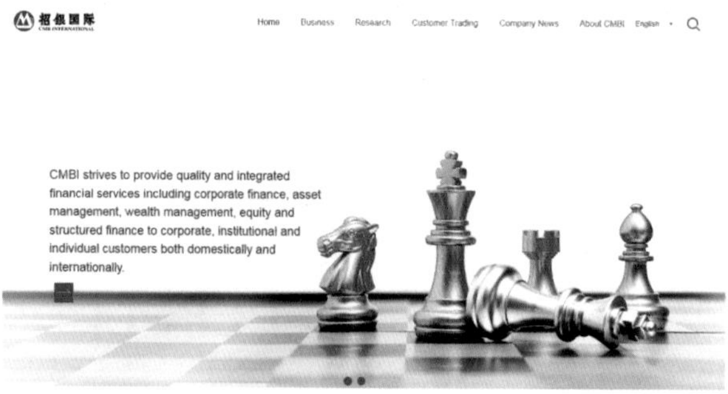

출처 : CMB International 홈페이지

며, 매일 개별 종목에 대한 보고서가 업데이트된다. 필자의 관심 종목에 대한 보고서가 발간되었는지 확인하기 위해 홈페이지에 자주 방문한다.

·· ⑤ Webb-site Who's Who webb-site.com/dbpub/ ··

Webb-site Who's Who는 홍콩 상장 기업들에 대한 다양한 데이터를 제공한다. 특히 홍콩에 상장되어 있는 모든 기업의 실적보고서가 전부 업로드되어 있다.

관심 종목들의 연간보고서와 반기보고서를 다운받기 위해 일일이 각 종목의 홈페이지에 방문할 필요 없이, 해당 홈페이지에서 한 번에 다운받을 수 있어서 편리하다.

Webb-site Who's Who 화면 캡쳐

출처 : Webb-site Who's Who 홈페이지

· PART 06 ·

"성공한 투자자들은 이렇게 투자합니다!"

기업 분석, 경영자의 마인드로 생각한다

당신은 투자자인가 트레이더인가? 투자자는 기업의 가치와 밸류에이션에 집중한다. 좋은 기업을 발굴하여 밸류에이션이 적정 가치보다 낮아지면 매수하고, 적정 가치 이상의 밸류에이션이 주가에 반영될 때까지 기다린다. 그래서 일반적으로 가치 투자는 보유 기간이 길다.

반면 트레이더는 상대적으로 시장 수급, 단기 호재, 차트 분석 등에 더 집중한다. 현재 밸류에이션이 적정 가치를 상회하고 있어도 당분간 핫한 분위기가 이어질 것으로 예상되면 매수한다.

또한 트레이더들은 회사의 펀더멘털과 상관없는 대외 악재의 영향을 많이 받는다. 투자한 기업에 실질적으로 영향이 없는 대외 이슈임에도 불구하고 단기적으로 주식 시장 분위기가 흐릴 것으로 예상되면, 리스크 관리를 위해 시장에서 잠깐 피해 있는 것이다.

일반적으로 트레이더의 주식 보유 기간은 투자자에 비해 훨씬 짧다. 심지어 데이트레이더, 스캘퍼 같은 초단기 트레이더들은 보유 기간이 하루도 안 된다.

많은 개인 투자자들이 인베스팅Investing을 하고 싶어 하지만, 실제로는 트레이딩Trading을 하는 경우가 많다. 개인 투자자를 인터뷰한 유튜브 영상을 본 적이 있다. 해당 영상에서 그 투자자는 오래 보유하니 손실이 너무 커져서 '아, 장기 투자가 답이 아니구나'라고 생각하며, 그때부터 단기 트레이딩을 하고 있다고 했다. 해당 영상 출연자의 트레이딩 성과는 저조했다.

필자가 느끼기에 트레이딩은 쉬울 것 같지만 어렵고, 인베스팅은 어려울 것 같지만 쉬운 것 같다. 트레이딩은 성공한 트레이더에게 배워도 그들처럼 꾸준히 성과를 내기가 쉽지 않다.

상대적으로 가치 투자는 성공할 확률이 높다. 무엇보다 투자하는 동안 마음이 편하다는 것이 큰 장점이다. 그래서 필자는 개인 투자자들이 트레이더가 되기보다는 투자자가 되길 바란다.

"때때로 잊기 쉽지만, 주식은 복권이 아니라 회사의 일부에 대한 소유권이다."

피터 린치의 이 말처럼, 성공한 투자자들의 공통점은 '경영자의 마인드'로 생각한다는 것이다. 경영자의 마인드로 생각하는 것은 기업의 5년 뒤, 10년 뒤, 20년 뒤를 내다보는 것을 의미한다. 긴 안목으로 기업의 미래를 내다보기 위해서는 말 그대로 경영자의 시선으로 기업을 여러 각도에서 꼼꼼하게 들여다봐야 한다.

최 이사님은 경영진에게 사업에 대하여 어드바이스를 해줄 수 있을 정도로, 기업을 깊이 있게 파악하라고 강조한다. 항상 공유해주는 투자 아이디어를 들으면서 부족한 나를 돌아보게 된다.

해당 종목의 거시적 환경은 어떤지, 현재 진행되고 있는 설비 투자 현황은 어떤지, 언제부터 수익성이 좋아질 전망인지, 어떤 부분에서 개선이 필요한지 등 이야기를 듣고 있으면 정말 경영진보다 기업에 대해 더 잘 파악하고 있는 것 같다는 생각이 든다.

'주식 농부'라는 필명으로 유명한 박영옥 스마트인컴 대표는 2년 정도 투자할 기업을 철저히 분석하고, 되도록 장기 투자하며 기업과 동행한다고 늘 이야기한다. 박 대표는 기업과 주주가 모두 잘되기를 바라는 마음으로 주주 제안과 주주 서한을 통해 끊임없이 기업과 소통하고, 주주의 권리를 요구한다. 이를 통해 박 대표가 얼마나 기업에 대해 철저히 파악하고 있는지 그리고 주인 의식을 갖고 있는지를 알 수 있다.

투자에서 가장 중요한 것은 해당 종목을 제대로 분석하고 이해하는 것이다. 그런데 많은 투자자가 종목에 집중하기보다는 시장의 단기적인 움직임에 영향을 많이 받는다. 이들은 단기적으로 주가가 떨어질 것 같으면 팔고, 오를 것 같으면 산다.

보유한 종목이 떨어지면 더 떨어질까 봐 불안하고, 오르면 떨어지기 전에 팔고 싶어서 초조해한다. 이렇게 마음이 조마조마한 투자는 판단력이 흐려지고, 투자에 실패할 가능성이 높다. 투자한 종목 때문에 밤잠을 설친다면 당장 비중을 줄이거나 전량 매도하는 것이 현명한 선택이다.

같은 종목을 같은 시기에 투자하면서 누군가는 A투자자처럼 생각하고, 또 누군가는 B투자자처럼 생각하고 행동할 것이다.

A투자자 : 내년부터 OO지역 프로젝트에서 이익이 폭발적으로 증가할 것으로 판단되니, 주가 하락은 추가 매수의 기회!

B투자자 : 러시아-우크라이나 사태가 생각보다 심각하네. 우선은 손절하고 상황을 지켜봐야겠어.

B투자자처럼 '마켓타이밍'에 집중하는 투자자들을 보면 단기적으로는 리스크를 관리하여 수익률이 더 좋을 것 같지만, 지나고 보면 바닥에서 손절하고 더 높은 가격에 재매수하는 경우가 많다.

성공한 투자자들의 또 하나의 공통점은 항상 시장에 머무른다는 것이다. 시장이 전반적으로 안 좋을 것 같아서 현금화하여 관망하는 행동을 하지 않는다. 주식 농부 박영옥 대표는 "나는 언제나 자산의 거의 전부를 주식에 투자하고 있다."라고 그의 저서에서 언급했다.

피터 린치도 그의 저서 《전설로 떠나는 월가의 영웅》에서 다음과 같이 언급했다.

"나는 끊임없이 주식과 스토리를 점검하면서 상황 변화에 따라 포트폴리오에 종목을 추가하거나 제외한다. 그러나 펀드 환매에 대비하는 현금 보유량 외에는 주식을 팔아 현금으로 보유하지 않는다. 현금화란 시장에서 빠져나간다는 뜻이다. 나는 기본 상황에 따라 종목을 교체하면서 시장에 영원히 머물 생각이다. 만일 당신도 일정 투자 금액을 주식 시장에 계속 묻어 두기로 결정한다면 시기를 놓친 매매와 고통을 많이 덜어낼 수 있다."

최 이사님도 같은 의견이다. **종목별 비중 조절 및 교체 매매는 하지만, 기본적으로 현금화를 위해 주식 비중을 줄이지는 않는다. 시장의 변동성을 겪는 것이 '시기를 놓친 매매'보다 낫다는 것을 알기 때문이다.** 시장의 침체기에도 '자산의 거의 전부'를 주식으로 보유하고 있으려면 더욱 경영자의 마인드가 중요하다.

경영자의 마인드로 투자하는 A투자자는 기업의 성과에 집중한다. 기업이 성과를 내면 결국 주가는 기업의 가치와 동행할 것을 믿기 때문이다.

가치 평가, 성장주보다 가치주를 선호한다

오랜 기간 주식 투자를 하면서 느낀 것 중 하나는 주가가 '반토막'이 되는 것은 자연스러운 현상이고, 매우 흔하게 발생한다는 것이다. 아무리 우량한 기업이라도 과도하게 고평가되었다가 거품이 꺼지면서 반토막이 될 수도 있고, 적정 가치 이하에서 거래되고 있어서 매력적이라고 매수했는데 이후에 한참 더 하락하는 경우도 있다.

기업의 정확한 가치는 구할 수 없을뿐더러 구할 필요도 없다. 주식시장에 상장된 기업의 시가총액은 매일, 매시간, 매분마다 바뀌기 때문이다.

일반적인 우량 기업들의 적정 밸류에이션은 과거의 평균값에 가깝다. 평균값을 구하는 기간이 길어질수록, 고평가와 저평가 기간을 희석하며 더욱 합리적인 적정 값을 구할 수 있다. 당연히 어느 종목에 투자할 때, 적정 가치**장기 평균값**보다 낮을 때 매수하고 적정 가치보다 높을 때 매도해야 좋은 성과를 얻을 수 있다.

당연한 소리로 들리겠지만 투자자들이 실전 투자에서는 다음과 같은 이유로 이를 간과하는 경우가 많다.

첫째, 좋아 보이는 종목의 밸류에이션은 장기 평균값보다 높게 형성되어 있는 경우가 많기 때문이다. 투자 경험이 많지 않고, 내공이 부족한 투자자일수록 단기적으로 주가가 상승 중인 종목은 좋아 보이고, 하락 중인 종목은 안 좋아 보이기 마련이다.

주가가 상승 중일 때 언론에서 좋은 기사를 쏟아 내고, 하락 중일 때 비관적인 기사를 쏟아 내기 때문에 더욱 그러하다. 매수 가격이 적정 가보다 높다면 시작부터가 잘못된 투자를 하게 되는 것이다.

둘째, 저평가된 종목이 적정가에 도달하기까지는 오랜 시간이 걸리기 때문에 종목을 제대로 분석하지 않고서는 오랜 기간 보유하는 것이 쉽지 않다. 게다가 싸다고 샀는데 연일 하락이 이어지고, 언론에서 비관적인 기사들이 쏟아지면 보유하는 것이 더욱 힘들어진다.

최 이사님은 아무리 좋은 종목도 주가가 고평가 영역에 들어서면 이성적으로 비중을 줄이기 시작한다. 그리고 평소에 분석을 끝내 놓은 관심 종목 중에, 주가가 과도하게 하락하여 저평가 영역에 들어선 종목을 매집하기 시작한다. 단순한 투자의 원리지만, 앞서 이야기한 것처럼 더 좋아질 것 같은 종목의 비중을 줄이는 것은 생각만큼 쉽지 않다.

오랜 기간 투자해온 투자자들을 보면 대부분 투자 성향이 보수적이다. 버는 것보다 잃지 않는 것을 훨씬 더 중요하게 생각한다. 그래서 종목을 분석

할 때 주가가 지금보다 얼마나 더 올라갈지 상승 여력을 파악하는 것보다 주가 하락이 얼마나 제한적인지를 먼저 검토한다.

기본적으로 밸류에이션이 합리적이고 배당 매력까지 있는 가치주를 선호하지만, 성장주 투자를 하지 않는 것은 아니다. 다만 성장주 또한 적정 가치보다 훨씬 저렴한 가격에 매수하기 위해 노력한다.

피터 린치 또한 그의 저서 《전설로 떠나는 월가의 영웅》에서 적정 가치보다 쌀 때 매수하고, 비쌀 때 매도한다는 내용을 언급하고 있다. 다음 내용은 필자가 생각하기에 피터 린치가 전하고자 하는 내용 중 실전 투자에 가장 도움이 되는 내용이라고 생각한다.

"공정하게 평가된 회사의 PER은 회사의 성장률과 같다. 여기서 성장률이란 이익 성장률을 말한다. 이익 성장률은 어떻게 구하는가? PER과 대비해서 이익 성장률을 구해달라고 중개인에게 부탁하라. 코카콜라의 PER이 15라면 회사가 연 15%로 성장하리라 기대된다는 뜻이다. 그러나 PER이 성장률보다 낮다면 그 주식은 헐값인 셈이다. 예컨대 연 성장률이 12%인 회사의 PER이 6이라면, 이 주식은 아주 매력적이다. 반면 성장률이 연 6%인 회사의 PER이 12라면, 이 주식은 매력이 없어서 주가 하락이 예상된다. 일반적으로 PER이 성장률의 절반이라면 매우 유망하며, 성장률의 두 배라면 매우 불리하다. 나는 펀드에 편입할 종목을 분석할 때 항상 이 기준을 사용한다."

피터 린치의 책을 읽으면서 "종목을 분석할 때 '항상' 이 기준을 사용한다."라는 말이 눈에 들어왔다. 그는 투자할 때 기업의 적정 가치를 구하고, 주가가 적정 가치의 절반 가격에 거래될 때 매수하고, 적정 가치의 두 배가 되면 매도하는 원칙을 항상 적용했다고 한다.

적정 PER에 대한 정의도 매우 심플하면서 실용적이다. 피터 린치는 기업의 적정 PER은 해당 기업의 이익 성장률과 같다고 말한다. 이익이 10%씩 증가하는 기업의 적정 PER은 10배, 이익이 20%씩 증가하는 기업의 적정 PER은 20배가 되는 것이다.

그런데 일반적으로 알려진 PER의 정의는 어떤가? PER의 역수는 기대수익률이라고 알려져 있다. PER이 10배면 기대수익률은 10%(1÷10)×100이고, PER이 20배이면 기대수익률은 5%(1÷20)×100가 된다.

단 여기에 한 가지 가정이 붙는다. 향후 이익이 일정하다는 가정이다. 이러한 가정이 붙는 것 자체가 현실성이 없을뿐더러, 이익이 증가하지 않는 기업은 투자할 가치가 없다.

PER에 대한 피터 린치의 정의는 보편적 이론과 정반대의 개념이다. 성장성이 높은 기업일수록 고평가를 받는 것이 당연하기 때문에 피터 린치처럼 기업의 이익 성장률을 적정 PER로 보는 것이 합리적이라고 생각한다.

피터 린치의 저서 《전설로 떠나는 월가의 영웅》과 《피터 린치의 이기는 투자》를 보면, 그가 직접 작성한 차트가 많이 나온다. 해당 차트에는 주가, 이익EPS 그리고 배당금DPS이 로그 스케일로 표현되어 있다.

차트의 세로축 좌측에는 이익, 세로축 우측에는 주가를 표시했으며 이익 1달러와 주가 15달러를 같은 선상에 놓고 차트를 표현했다. 즉 주가 선과 이익 선이 만나는 지점의 PER은 15배가 된다. 그리고 주가 선이 이익 선 위에 있으면 PER이 15배보다 높고, 주가 선이 이익 선

피터 린치가 작성한 밸류에이션 차트

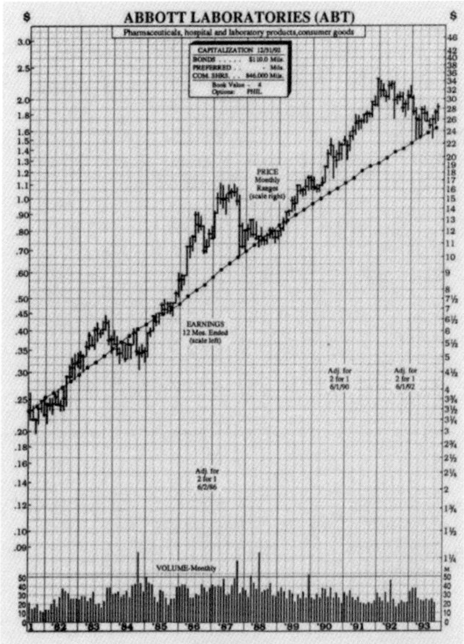

FIGURE 7-2

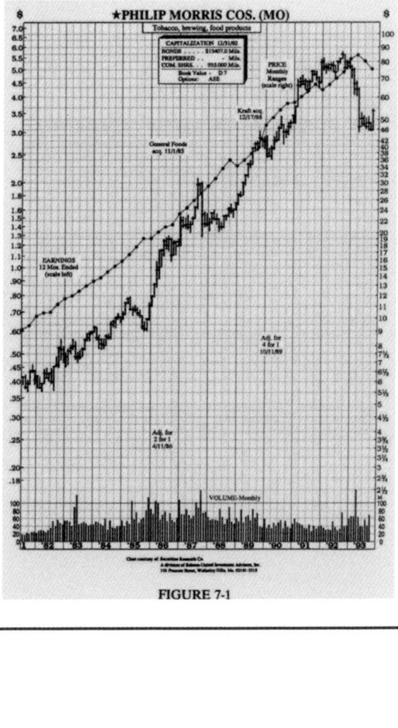

FIGURE 7-1

피터 린치의 매수 매도 시점

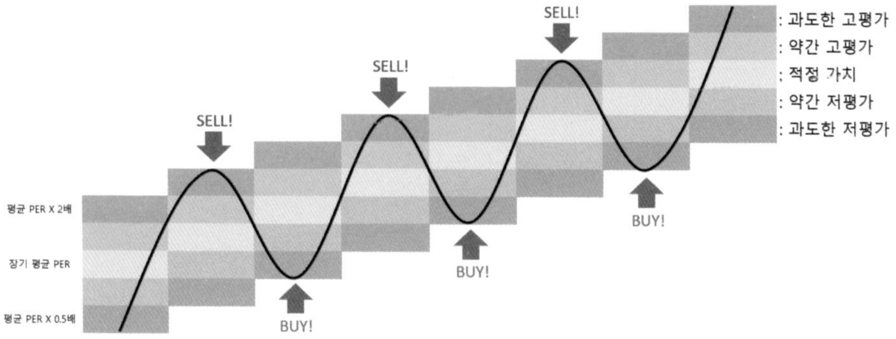

아래에 있으면 PER이 15배보다 낮음을 의미하게 되는 것이다.

피터 린치는 주가 선이 이익 선보다 과도하게 내려가면 매수하고, 주가 선이 이익 선보다 과도하게 올라갈 때 매도하면 뛰어난 실적을 올릴 수 있다고 이야기한다.

피터 린치가 주가 선과 이익 선을 비교해놓은 차트의 업그레이드 버전이 바로 'PER 밴드 차트'다. 피터 린치는 하나의 이익 선**PER 15배**과 주가 선을 비교했지만, PER 밴드 차트는 해당 종목의 고평가와 저평가를 기준으로 다섯 개의 '멀티플 라인**이익에 배수를 적용한 선**'을 주가와 함께 나타내어 기업의 밸류에이션 변화를 더욱 자세히 파악할 수 있다.

증권사의 종목 분석보고서에 PER 밴드 차트가 늘 등장한다. 필자가 느끼는 아쉬운 부분은 대부분의 PER 밴드 차트가 기간이 짧고, 세로축이 선형스케일로 되어 있다는 것이다. 선형스케일로 나타낸 차트는 장기 데이터를 볼 때 가격에 따른 왜곡이 심해서 불편함이 있다. 그래서 필자는 늘 장기 데이터를 활용한 로그 스케일 PER 밴드 차트를 직접 만들어서 활용하고 있다. 앞에서 언급된 종목들의 PER 밴드 차트는 필자가 직접 작성한 것들이다.

기업의 과거 밸류에이션 히스토리를 파악하여, 평균 밸류에이션보다 낮은 가격에 매수하고 높은 가격에 매도하는 것만으로도 충분히 좋은 성과를 얻을 수 있다.

포트폴리오,
집중 투자한다

"내가 여러분에게 주는 사용권을 이용하면 투자 실적을 극적으로 높일 수 있습니다. 이 사용권은 20번만 사용할 수 있는데, 여러분이 평생 20번만 투자할 수 있다는 뜻입니다. 즉, 20번 투자한 다음에는 더 투자할 수 없습니다. 이 원칙을 따르면 투자를 정말 신중하게 생각할 것이고, 깊이 생각한 종목만 하게 될 것입니다. 따라서 실적이 훨씬 좋아질 것입니다."

_워런 버핏

투자의 귀재 워런 버핏의 버크셔 해서웨이가 투자하고 있는 기업들의 지분 가치는 2021년 말 기준 약 400조 원이다. 포트폴리오 구성을 보면 아주 흥미롭다. 전체 포트폴리오에서 상위 10개 기업이 차지하는 비중이 89.54%나 된다. 400조 원의 90%인 360조 원이 10개 기업에

	종목명	지분 가치($)	비중
1	애플	157,528,660,000	47.60%
2	뱅크오브아메리카	44,939,376,000	13.58%
3	아메리칸 익스프레스	24,803,511,000	7.49%
4	코카콜라	23,684,011,000	7.16%
5	크래프트 하인즈	11,690,290,000	3.53%
6	무디스	9,635,522,000	2.91%
7	버라이존 커뮤니케이션스	8,252,525,000	2.49%
8	U.S. 뱅코프	7,100,894,000	2.15%
9	셰브론	4,488,055,000	1.36%
10	뱅크오브뉴욕멜론	4,202,522,000	1.27%
	기타	34,617,654,930	10.46%
	합계	330,943,010,930	100.0%

※ 2021.12.31 기준

집중 투자되어 있는 것이다. 더 놀라운 사실은 애플이 전체 포트폴리오에서 차지하는 비중은 무려 47.6%에 달한다는 것이다.

주식 투자 포트폴리오를 구성할 때 몇 종목에 투자하면 적당할까? 피터 린치는 그의 저서 《전설로 떠나는 월가의 영웅》에서 개인 투자자들에게 이렇게 조언한다.

"단지 분산 투자를 위해서 알지도 못하는 회사에 나눠 투자해봐야 아무 소용이 없다. 어리석은 분산 투자는 소액 투자자들을 괴롭힐 뿐이다. 그렇더라도 단 한 종목만 보유하는 것은 안전하지 않다. 최선의 노력을 기울였더라도 당신이 선택한 종목이 예기치 못한 상황에 희생

될지도 모르기 때문이다. 소규모 포트폴리오라면 나는 3~10개 정도 보유하면 마음이 편할 것이다."

피터 린치는 단지 분산 투자를 위해 제대로 분석하지 않은 종목들에 나눠 투자하는 것은 "꽃을 뽑아 내고 잡초에 물을 주는 것처럼 분별력 없는 행동이다."라고 말한다.

예전에 최 이사님에게 투자 금액별 적정 종목 수를 여쭤본 적이 있다. 증권사에 근무하던 시절에 고객들의 자산 규모에 따라 몇 종목에 투자할지 참고하기 위함이었다. 이사님의 의견은 5천만 원 이하는 1~2종목, 1억 원 이하는 2~3종목, 5억 원 이하는 3~5종목, 10억 원 이하는 5~10종목 정도였던 걸로 기억한다.

최 이사님 역시 소수 종목에 집중 투자를 하고 계신다. 버크셔 해서웨이처럼 전체 투자 종목 수는 많지만, 실제로 상위 10개 종목이 전체 포트폴리오에서 차지하는 비중이 80%가 넘는다. 그리고 상위 5개 종목의 비중이 60%를 넘는다. 전체 투자 금액의 규모를 생각하면, 엄청난 집중 투자다.

필자의 관심 종목은 40개다. 매력적인 저평가 구간에 오면 매수하려고 지속해서 모니터링하는 종목들이다. 하지만 매수 기준을 보수적으로 잡다 보니 보유하고 있는 종목 수는 이보다 훨씬 적다.

현재 필자의 포트폴리오에서 상위 5개 종목의 비중은 70%가 넘는다. 그리고 5개 종목 중 3개가 중국 도시가스 기업이다. 충분히 분석하고 매우 보수적인 기준으로 매수하니, 소수 종목에 집중되어 있어도 마음이 편안하다. 관심 종목을 늘리는 데에 한계가 있고, 이 종목 중

과도한 저평가 구간에 있는 종목이 많지 않기 때문에 자연스럽게 '집중 투자'를 하게 된다.

증권사에 근무하는 동안 많은 투자자를 만나봤다. 투자자들의 포트폴리오를 보면, 투자를 잘하는 사람일수록 집중 투자를 하고 있었다. **보유 종목이 과도하게 많은 투자자의 공통점은 종목을 방치한다는 것이다. 지속해서 검토하며 보유하는 것과 방치해놓고 보유하는 것은 전혀 다른 결과를 가져온다.**

보통 보유 종목이 많은 투자자는 종목별로 깊이 있게 분석하기보다는 증권사보고서, 증권 방송 및 지인의 추천으로 투자하는 경우가 많다. 들어보면 이 종목도 좋아 보이고, 저 종목도 좋아 보여서 포트폴리오는 순식간에 '종목 백화점'이 된다. 이렇게 투자한 종목들의 보유 기간은 대체로 짧다. 보유 기간이 긴 경우는 손실 중인데 본전까지 반등하면 팔려고 비자발적으로 장기 투자를 하는 경우다.

투자에서 자신만의 원칙을 정하는 것은 매우 중요하다. 예를 들어 투자금이 1억 원이고 3종목에 투자하겠다는 원칙을 세웠다면, 투자하고 싶은 관심 종목 중에서 딱 3종목만 선택하기 위해 최선의 결정을 해야 한다. 이렇게 투자한 3종목은 관심 종목 20개에 분산 투자한 것보다 훨씬 더 좋은 성과를 얻게 될 것이다.

리밸런싱, 이럴 때 주식을 판다

루 심프슨은 1979년부터 2021년까지 31년 동안 가이코의 자산운용을 총괄했으며, 워런 버핏으로부터 '손해보험 업계 최고의 펀드매니저'라는 극찬을 받았다. 그는 과도한 분산 투자를 지양하며, 소수의 핵심 종목에 집중하여 장기간 투자했다.

포트폴리오 종목들의 핵심 물량은 계속 보유하면서 고평가되면 일부 물량을 팔고, 저평가되면 더 사들이면서 리밸런싱했다. 장기 투자를 지향하는 가치 투자자들이 주식을 매도하는 경우는 주로 저평가된 종목을 매수하기 위해 고평가된 종목을 매도하는 경우다.

'좋은 종목을 싸게 잘 사서 오래오래 배당금받으며 보유할 계획인데, 굳이 리밸런싱을 해야 하나?'라는 생각이 들 수 있다.

비중을 조절하지 않고 장기 보유하는 투자**케이스 1**와 고평가된 종목과 저평가된 종목 간에 비중을 조절하는 투자케이스 2는 장단점이 있다.

케이스 1의 투자는 우선 매매를 거의 하지 않기 때문에 편하다는 장점이 있다. 그리고 상승 중인 종목의 비중을 너무 일찍 줄이고, 하락 중인 종목의 비중을 너무 일찍 늘리는 최악의 상황을 겪지 않아도 된다.

그래서 매매에 대한 스트레스를 받지 않으려면 그냥 묻어 두는 것도 좋은 선택이 될 수 있다. 단, 잘 선별한 종목을 최대한 좋은 가격에 매수해야 마음 편하게 묻어 둘 수 있다. 그리고 투자하는 종목이 배당주라면 장기 투자하기 한결 편안할 것이다.

그러나 비중을 조절하지 않고 장기 보유하는 투자자가 감내해야 할 단점도 있다. 모든 주식은 고평가와 저평가를 반복한다. 피터 린치는 투자할 종목의 주가가 적정가의 절반 수준으로 하락하면 매수하고, 적정가의 두 배가 되면 매도한다고 저서에서 언급했다.

투자한 종목의 주가가 적정가의 두 배 수준에서 적정가의 절반 수준까지 하락하게 되면 이는 고점 대비 $\frac{1}{4}$ 토막 즉, −75%가 되는 것이다. 아무리 투자한 기업을 신뢰하고 장기적으로 전망이 좋아도, 비중이 큰 종목이 고점 대비 $\frac{1}{4}$ 토막이 된다면 평정심을 유지하기 힘들다.

케이스 2는 고평가된 종목은 비중을 줄이고, 저평가된 종목의 비중은 늘리는 투자다. 케이스 1의 장점이 케이스 2의 최대 단점이 될 수 있다. 리밸런싱을 잘못하면 '꽃을 뽑고 잡초에 물을 주는 행동'이 되어 버릴 수 있기 때문이다.

그래서 **리밸런싱의 핵심은 보유 종목의 적정 가치를 잘 파악하고, 히스**

토리를 지속해서 검토하는 것이다. 보유 종목을 모니터링하다 보면 가끔 흔치 않은 매수 기회를 얻게 된다. 단기 악재로 주가가 크게 하락하는 경우다. 장기 펀더멘털을 훼손하지 않는 악재라면 절호의 매수 기회가 될 수 있다. 이런 기회가 왔을 때 고평가된 종목의 비중을 줄여서 해당 종목의 비중을 늘려 주면 효과적인 리밸런싱이 된다.

주가는 결국 적정가로 회귀하기 때문에 고평가된 주가의 조정은 불가피하다. 고평가된 종목의 비중을 줄여 놓으면, 조정 시 발생하는 평가 손실을 줄일 수 있다. 그리고 비중을 줄이면서 생긴 자금으로 저평가된 종목의 비중을 늘리면 자산은 더 빠르게 증가할 것이다.

케이스 1과 2의 투자 방식은 장단점이 있기 때문에 무조건 어떤 방식이 더 좋다고 말할 수 없다. 필자는 리밸런싱하는 투자케이스 2를 지향한다. **보유 종목의 히스토리를 지속해서 점검하면서 고평가된 종목과 저평가된 종목 간의 리밸런싱을 해주면 리스크는 줄이고, 수익은 극대화할 수 있기 때문이다.**

중국 도시가스주 톱픽 중 하나인 차이나가스의 주가가 최근 1년 동안 고점 대비 −72.7%나 하락했다. 거의 $\frac{1}{4}$ 토막 수준이다. 필자는 절호의 투자 기회로 판단하여 차이나가스의 비중을 계속 늘리고 있다.

주가의 과열과 침체는 얼마나 진행될지 예측할 수 없다. 그렇기 때문에 충분히 저평가되었다고 생각해도 한 번에 큰 비중을 투자하기보다는 고평가 종목의 비중은 서서히 줄이고, 저평가 종목의 비중을 서서히 늘려 가는 것이 좋다.

게다가 비중을 줄이는 종목의 배당수익률보다 비중을 늘리는 종목

차이나가스 PER 밴드 차트

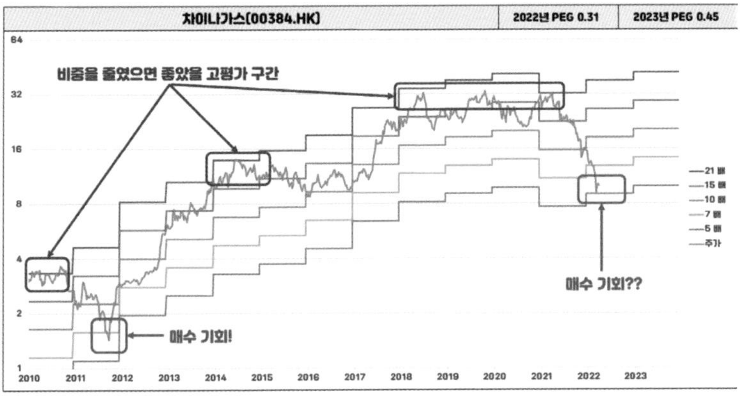

단위 : HKD

의 배당수익률이 높다면 리밸런싱은 '일석이조'가 된다. 리밸런싱을 하는 것만으로도 받게 될 배당금이 바로 늘어나기 때문이다.

배당수익률이 4%로 동일한 A종목과 B종목에 각각 1억 원씩 투자했다고 가정해보자. 투자한 이후 A종목의 평가 금액은 50% 상승하여 1억 5,000만 원이 되었고, B종목은 반대로 50% 하락하여 평가 금액이 5,000만 원이 되었다. 배당금의 변화가 없다면, A종목은 주가가 상승하여 배당수익률이 2.7%로 하락하고 B종목은 주가가 하락하면서 배당수익률이 8%까지 올라가게 된다.

이때 A종목의 비중을 $\frac{1}{3}$ **5,000만 원** 줄이고, 5,000만 원으로 B종목을 추가 매수하면 받게 될 배당금은 800만 원에서 1,067만 원으로 증가한다. 또한 A종목과 B종목의 적정 가치가 비슷하다면, A종목은 상승했고 B종목은 하락했기 때문에 향후 상승 여력은 B종목이 훨씬 높아진다.

이런 경우 리밸런싱을 통해 받게 될 배당금도 증가하고, 자산 가치의 상승 여력도 높아지게 된다.

	평가금액	배당금	배당수익률
A종목	100,000,000	4,000,000	4.0%
B종목	100,000,000	4,000,000	4.0%
합계	200,000,000	8,000,000	4.0%

A종목은 +50% / B종목은 -50%

	평가금액	배당금	배당수익률
A종목	150,000,000	4,000,000	2.7%
B종목	50,000,000	4,000,000	8.0%
합계	200,000,000	8,000,000	4.0%

A종목 5,000만 원 매도 / B종목 5,000만 원 매수

리밸런싱

	평가금액	배당금	배당수익률
A종목	100,000,000	2,666,667	2.7%
B종목	100,000,000	8,000,000	8.0%
합계	200,000,000	10,666,667	5.3%

레버리지,
빚내서 주식 투자하지 마라?

"찰리와 저는 늘 우리가 믿기지 않을 만큼의 부자가 될 거라는 사실을 알았습니다. 우리는 부자가 되려고 서두르지 않았어요. 릭 역시 우리 못지않게 똑똑했지만, 그는 서둘렀던 거지요."

워런 버핏의 말이다. 사건의 전말을 보면 릭 게린은 1973년부터 1974년까지 이어진 경기 하락 때 대출금을 사용해 투자금을 늘렸다. 그런데 이 2년 동안 주식 시장은 거의 70% 하락했고, 릭은 추가 증거금 납부를 요구받았다. 릭은 갖고 있던 버크셔 해서웨이 주식을 주당 40달러도 안 되는 가격에 버핏에게 팔았다(버핏은 실제로 "내가 릭이 가진 버크셔 해서웨이 주식을 샀다."라고 말했다). 릭은 대출금을 사용했기 때문에 주식을 팔 수밖에 없었다.

– 모건 하우절, 《돈의 심리학》

릭 게린은 워런 버핏과 찰리 멍거의 투자 멤버였다. 하지만 그는 대출을 사용한 무리한 투자로 시장이 폭락할 때 추가 증거금 납부를 요구받으면서 버크셔 해서웨이 지분을 팔게 되었다. 버크셔 해서웨이 지분을 계속 보유하고 있었다면, 큰 부와 성공한 투자자의 명성을 얻을 수 있었겠지만 레버리지 투자의 실패는 이를 가로막았다.

주식 투자와 관련된 강의나 책에서 가장 많이 언급되는 원칙이 바로 '빚내서 주식 투자하지 마라!'는 것이다.

《돈, 뜨겁게 사랑하고 차갑게 다루어라》의 저자 앙드레 코스톨라니는 강의와 저술을 통해 대중들에게 투자와 관련된 많은 조언을 남겼다. 투자자들에게 가장 많이 알려진 명언 중 하나는 "국제적인 우량주에 해당하는 주식을 몇 종목 산 다음, 약국에 가서 수면제를 사 먹고 몇 년 동안 푹 자라."는 것이다. 우량주에 투자하고 변동성을 무시한 채 오랜 기간 보유하면 큰 성과를 얻을 수 있을 거라는 의미다.

하지만 빚내서 투자하고 몇 년 동안 푹 자고 일어나면 계좌는 깡통이 되어 있을 수 있다. 여기서 말하는 빚은 증권사에서 주식을 담보로 빌리는 돈을 의미한다. 주식을 담보로 돈을 빌리게 되면, 담보 유지 비율을 지켜야 된다.

증권사마다 차이가 있지만 보통 담보 유지 비율은 140~150% 수준이다. 담보 유지 비율 150%는 빌려서 투자한 돈이 자기 자본의 두 배가 되는 것을 의미한다. 예를 들어 주식을 담보로 1억 원을 빌렸는데 투자한 종목이 계속 하락하여 자기 자본이 5천만 원 아래로 떨어지게 되면, 담보 유지 비율이 150%를 하회하게 되면서 증권사에서는 추가 증거금 납부를 요구하게 된다.

이때 추가 자금을 넣거나, 주식을 팔아서 비율을 150% 위로 올려놓지 않으면 강제로 반대 매매를 당하게 된다. 레버리지는 양날의 검이다. 레버리지를 사용하면 자산의 증가가 가속화되지만, 하락도 가속화된다. 주식 시장에서 주가 반토막은 흔한 일이고, 자연스러운 현상이다. 그렇기 때문에 레버리지를 활용한 무리한 투자는 정말 조심해야 한다.

아이러니하게도 필자는 주식 투자로 큰 부를 이룬 투자자 중에서 레버리지를 사용하지 않는 사람을 거의 보지 못했다. '앞에서는 성공한 투자자들은 보수적으로 투자한다고 해놓고, 대부분의 성공한 투자자들이 레버리지를 사용한다니, 앞뒤가 안 맞는 거 아니야?'라고 생각할 수 있다.

성공한 투자자들은 보수적으로 레버리지를 사용한다. 한국의 워런 버핏이라고 불리는 대표적 가치 투자자인 주식 농부 박영옥 대표는 그의 저서 《주식 투자 절대 원칙》에서 다음과 같은 말을 했다.

"나는 위기 때마다 경쟁력 있는 기업을 믿고 더 과감히 투자했다. 나는 언제나 자산의 거의 전부를 주식에 투자하고 있다. 그러므로 위기가 닥쳤을 때 그걸 피해 갈 방법이 없다. 애초에 위기에 대비해 현금을 비축해둔다는 식의 생각은 하지 않는다. 다만 시장이 과열 상태일 때는 레버리지 비율을 줄여 놓는다. 그러다가 갑작스러운 위기 상황이 생겨 주가가 폭락하면 오히려 레버리지를 적극적으로 활용한다. 평소 투자하고 싶었지만 주가가 너무 비싸서 엄두를 내지 못했던 기업에 마음껏 투자할 기회이기 때문이다. 그런데 통상 사람들은 이와 반대로 한다. 시장이 호황이고 주가가 오를 때 레버리지를 사용한다. 반대로 주가가 떨어지고 공포에 사로잡힐 때 부랴부랴 현금을 확보하기 위해 신용을 줄이고 주식을 매도한다. 돈 버는 방법과는 정확히 반대되는 행동인 셈이다."

성공한 투자자들을 관찰해보니 그들은 주식을 팔아서 현금화하여 시장을 떠나지 않는다. 대부분 현금이 늘 주식에 투자되어 있어서, 절호의 기회가 왔을 때는 레버리지를 활용한다. 단 과도한 저평가 국면에서 충분히 안전 마진을 확보한 상태에서 레버리지를 사용하고, 시장이 회복기에 접어들면 점차 레버리지 비율을 줄인다.

누군가에게는 레버리지를 사용하지 않은 주식 투자가 무리한 투자일 수 있고, 또 누군가에게는 레버리지를 사용한 투자가 무리한 투자가 아닐 수 있다. 예를 들어 결혼을 앞둔 사람이 평생 모은 2억 원을 전부 주식에 투자했다면, 레버리지를 사용하지 않았지만 무리한 투자다. 반대로 인출 우려가 없는 영구 자본 5억 원으로 주식 투자를 하는 사람이 좋은 기회가 와서 주식을 담보로 1억 원을 빌려서 더 투자하는 것은 크게 무리한 행동이 아니다.

다음 표는 레버리지를 사용했을 때 얼마나 하락하면 담보 유지 비율 150%에 도달하는지 나타낸 것이다. 레버리지 100% 사용 즉, 자기 자본만큼의 빚을 내서 투자할 경우 주가가 25% 하락하면 담보 유지 비율이 150%가 된다. 주가 -25%는 흔하게 발생할 수 있는 수준이기 때문에 레버리지 100%는 무리한 투자라고 할 수 있다.

담보 유지 비율

레버리지 100%

하락률	자본	부채	투자금	담보비율
	100	100	200	200%
5%	90	100	190	190%
10%	80	100	180	180%
15%	70	100	170	170%
20%	60	100	160	160%
25%	50	100	150	150%
30%	40	100	140	140%
35%	30	100	130	130%
40%	20	100	120	120%
45%	10	100	110	110%
50%	0	100	100	100%
55%	-10	100	90	90%
60%	-20	100	80	80%
65%	-30	100	70	70%
70%	-40	100	60	60%
75%	-50	100	50	50%
80%	-60	100	40	40%
85%	-70	100	30	30%
90%	-80	100	20	20%
95%	-90	100	10	10%
100%	-100	100	0	0%

레버리지 50%

하락률	자본	부채	투자금	담보비율
	100	50	150	300%
5%	92.5	50	143	285%
10%	85	50	135	270%
15%	77.5	50	128	255%
20%	70	50	120	240%
25%	62.5	50	113	225%
30%	55	50	105	210%
35%	47.5	50	98	195%
40%	40	50	90	180%
45%	32.5	50	83	165%
50%	25	50	75	150%
55%	17.5	50	68	135%
60%	10	50	60	120%
65%	2.5	50	53	105%
70%	-5	50	45	90%
75%	-13	50	38	75%
80%	-20	50	30	60%
85%	-28	50	23	45%
90%	-35	50	15	30%
95%	-43	50	8	15%
100%	-50	50	0	0%

레버리지 30%

하락률	자본	부채	투자금	담보비율
	100	30	130	433%
5%	93.5	30	124	412%
10%	87	30	117	390%
15%	80.5	30	111	368%
20%	74	30	104	347%
25%	67.5	30	98	325%
30%	61	30	91	303%
35%	54.5	30	85	282%
40%	48	30	78	260%
45%	41.5	30	72	238%
50%	35	30	65	217%
55%	28.5	30	59	195%
60%	22	30	52	173%
65%	15.5	30	46	152%
70%	9	30	39	130%
75%	2.5	30	33	108%
80%	-4	30	26	87%
85%	-11	30	20	65%
90%	-17	30	13	43%
95%	-24	30	7	22%
100%	-30	30	0	0%

레버리지 20%

하락률	자본	부채	투자금	담보비율
	100	20	120	600%
5%	94	20	114	570%
10%	88	20	108	540%
15%	82	20	102	510%
20%	76	20	96	480%
25%	70	20	90	450%
30%	64	20	84	420%
35%	58	20	78	390%
40%	52	20	72	360%
45%	46	20	66	330%
50%	40	20	60	300%
55%	34	20	54	270%
60%	28	20	48	240%
65%	22	20	42	210%
70%	16	20	36	180%
75%	10	20	30	150%
80%	4	20	24	120%
85%	-2	20	18	90%
90%	-8	20	12	60%
95%	-14	20	6	30%
100%	-20	20	0	0%

자기 자본의 30% 정도 레버리지를 사용하게 되면, 레버리지를 사용한 이후 주가가 약 65.4% 정도 하락해야 담보 유지 비율에 도달하게 된다. 더욱이 보수적인 투자자들은 과도한 저평가 구간에서 레버리지를 사용하기 때문에 이미 과도하게 하락한 시점에서 65.4%만큼 추가 하락할 가능성은 현저히 낮다.

위에서 예를 든 1억 원의 레버리지는 자기 자본 5억 원의 20%에 해당하는 비율이다. 20%의 레버리지를 사용할 경우, 투자한 종목의 주가가 75% 하락해야 담보 유지 비율이 150%까지 떨어진다. 이 정도면 반대 매매를 걱정할 필요가 없는 수준이다.

20~30%의 레버리지가 큰 의미가 있을까 싶지만, 과도한 저평가 국면에서 절호의 투자 기회를 만났을 때 30% 레버리지는 큰 성과를 안겨줄 것이다. 이를 두고 주식 농부 박영옥 대표는 '위기마다 계단식으로 늘어나는 부의 법칙'이라고 표현했다.

레버리지를 사용하여 투자한 종목이 배당주라면, 특히 과도한 저평가 국면의 배당주라면 배당수익률이 아주 매력적인 수준일 것이다. 레버리지 비용**대출 이자**보다 배당수익률이 더 높으면, 빚을 사용하는 동안 사용료**대출 이자**를 내는 것이 아니라 오히려 돈**배당금-대출 이자**을 받으며 레버리지를 사용하게 된다.

서두에서 레버리지의 무서움에 대해 언급했지만, 무리하지 않은 레버리지 투자는 위기마다 계단식으로 부를 늘릴 수 있는 지렛대 역할을 할 것이다.

인생이 즐거워지는

중국 배당주 투자

지은이 정순필
펴낸이 이종록 펴낸곳 스마트비즈니스
등록번호 제 313-2005-00129호 등록일 2005년 6월 18일
주소 경기도 고양시 일산동구 정발산로 24, 웨스턴돔타워 T4-414호
전화 031-907-7093 팩스 031-907-7094
이메일 smartbiz@sbpub.net
ISBN 979-11-6343-045-2 03320

초판 1쇄 발행 2022년 11월 16일